基于连续永续债券的新型基准利率市场机制研究

张夏 著

知识产权出版社

全国百佳图书出版单位

图书在版编目（CIP）数据

基于连续永续债券的新型基准利率市场机制研究 /张夏著. — 北京：知识产权出版社，2018.4

ISBN978-7-5130-5467-6

Ⅰ.①基… Ⅱ.①张… Ⅲ.①利率市场化－研究Ⅳ.①F820.1

中国版本图书馆CIP数据核字（2018）第050273号

内容提要

本书系统梳理了当前国际上基准利率机制的主要模式，深入研究了连续永续债券设计与运用的基础理论与关键技术，提出了新型基准利率市场机制。本书研究对于基准利率突破期限有限和期限离散两大关键局限，建立基准利率市场与实体经济的直接互动具有指导意义。可供货币政策、金融市场以及金融工程等领域的教研人员和研究生阅读与参考。

责任编辑：李 娟   责任印制：孙婷婷

基于连续永续债券的新型基准利率市场机制研究

JIYU LIANXU YONGXU ZHAIQUAN DE XINXING JIZHUN LILü SHICHANG JIZHI YANJIU

张 夏 著

出版发行：知识产权出版社有限责任公司	网 址：http://www.ipph.cn
电 话：010-82004826	http://www.laichushu.com
社 址：北京市海淀区气象路50号院	邮 编：100081
责编电话：010-82000860转8689	责编邮箱：lijuan1@cnipr.com
发行电话：010-82000860转8101	发行传真：010-82000893
印 刷：三河市国英印务有限公司	经 销：各大网上书店、新华书店及相关专业书店
开 本：720mm×1000mm 1/16	印 张：8.75
版 次：2018年4月第1版	印 次：2018年4月第1次印刷
字 数：180千字	定 价：58.00元

ISBN978-7-5130-5467-6

前　言

　　自 2008 年金融危机以来，基于传统基准利率机制的货币政策传导路径显著减效，虽然量化宽松等另辟蹊径的极端工具一时成为各货币当局的救命稻草，但之后的实践证明，货币政策"正常化"和宏观经济"去杠杆"不可避免，强化和完善基准利率的功能和作用仍是必经之路，而其关键则在于创新基准利率市场机制，实现基准利率与实体经济间前所未有的紧密互动。

　　从理论上分析，基准利率市场机制在既有框架下存在期限有限和期限离散两个无法逾越的局限，它们阻碍了实体经济资金供求与基准利率市场间的直接作用。期限有限表现为发行任何到期时间晚于市场已有最长基准利率期限的标的时都没有可以依据的基准利率。期限有限导致基准利率一级市场和二级市场的分割，同时也制约了市场对经济的长远预期。期限离散导致基准利率市场被选定的若干期限分割为相互争夺流动性的子市场并在其他期限上形成套利限制，最终使实体经济资金供求与基准利率间的关系扭曲甚至消失。因此，从解决期限有限和期限离散出发建立新型基准利率市场机制成为改进基准利率与实体经济间互动的崭新思路。

针对现有基准利率市场机制框架无法克服的期限不永续和不连续两大局限,本书主要作了以下三方面的探索和分析:

第一,创建利率市场基准化理论。该理论证明,通过基准利率市场和信用互换市场的结合,可以实现"一个分离"和"一个合并"。所谓"一个分离",是指利率投资者和信用投资者的分离,其意义在于可以实现融资成本中基准利率成分和个体特异性信用风险成分的分离。基于这样的分离,基准利率市场中的融资者将得到基准化,进而可以实现发行市场和流通市场的合并,也就是一级市场和二级市场的合并,即所谓的"一个合并",从而打破套利限制,扩大基准利率市场和实体经济的结合面。

第二,创建利率市场正反演理论。正如许多自然科学和工程学领域都有自己的正反演理论,利率市场也应当有自己的正反演理论。正反演理论一方面为现有的金融工具定价和利率期限结构估计提供了一个统一分析框架,另一方面也为利率市场可交易标的的设计提供了理论依据。

第三,设计新型基准利率市场机制。本书在利率市场正反演理论的指导下,完成了连续永续债券及其市场机制的整体设计,并证明该市场实现任意期限的利率发现和利率锁定的可行性。这一设计不仅满足了新型基准利率市场所需的技术需求,还实现了现货市场和期货市场的整合。

技术进步所带动的经济金融模式的变革使得基准利率机制升级成为每个货币区都应关注的问题。作者希望,基于连续永续债券的新型基准利率市场机制的研究,为相关研究提供一个崭新的思路。

　　本书是在笔者的博士导师中国人民大学财政金融学院副院长赵锡军教授的悉心指导和斧正下完成的，在此特向恩师表示衷心感谢！研究过程中曾得到国家"十二五"科技支撑计划"村镇金融关键技术"课题组和中国人民大学研究生科学研究基金的相关支持。感谢中国社会科学院副院长李扬研究员、国家发改委宏观经济研究院对外经济合作办公室主任牟雄兵研究员、中共中央党校宏观经济学教研室主任陈启清教授、中国社会科学院金融研究所副所长殷剑峰研究员、中国农业科学院农业信息研究所张峭研究员、中国社会科学院金融研究所财富管理研究中心王增武研究员、清华大学社会科学学院汤珂教授等专家的指导和帮助，感谢中国人民大学国家发展与战略研究院副院长伍聪、北京语言大学商学院宋晓玲副教授的帮助。感谢北京信息科技大学信息与通信工程学院副院长朱希安教授在正演反演方面和中国石油大学（北京）理学院马宁副教授在数值计算方面的指导。

目　录

第1章 引 言

　　人类社会进入 21 世纪以来,以网络信息技术为代表的新兴技术为金融创新带来了前所未有的便利。尽管,从局部来看,金融创新为特定区域或特定产业在一定时期内带来了繁荣,然而,从全局来看,全球经济动荡加剧并发生了以 2008 年次贷危机为代表的严重的金融和经济危机,其中一个重要原因便是利率定价机制失灵而导致的信用扩张失衡。

　　经济危机后,世界各国在国内经济发展和对外经济合作方面的信心受到了严重打击,实体经济发展遭到了严重的挑战,金融投机行为在全球愈发盛行。现代市场经济的核心是通过市场配置资源,随着经济开放和现代物流及信息技术的发展,价格信息的影响力和时效性在商品市场不断加深,而由于市场结构不断的复杂化,金融市场的价格信息变得越来越间接化,甚至有些已经严重脱离实体经济基础。因此,如何重新加强金融经济和实体经济的联系,使得金融体系能够更加准确地反映实体经济运行情况并更加有效地促进实体经济的稳定和发展成为世界范围内的重要课题。

　　建立完善的基准利率市场机制是健全金融体系、保障经济平稳的关键。利率,其最朴素的概念虽然只是一个增长速率的衡量指标,而由此所引申出的各种相关问题却并不平凡,且不乏经济学、社会科学乃至哲学中的核心问题。利率之所以重要并被广泛应用一个重要的原因是,利率虽然不能完美解决所有问题,但复杂经济体系中很难找到比利率更具有普适性和科学性的指标。

现代人类经济活动决策几乎处处涉及利率,从微观个体的投融资决策,到货币当局的货币政策决策,都有相应的利率在决策中使用。这是因为,经济活动的一个重要目标就是实现以财富增长为表象的个体效用的提高和社会福利的提高。各种各样的利率成为经济活动复杂传导链条中最为重要的经济信息之一。尽管利率的应用已经渗透到经济各处,然而由于经济结构的复杂性和经济信息的缺失,利率失真、延迟等问题仍然存在。

基准利率机制是基准利率体系的逻辑结构和机制架构。分析、建立和完善基准利率机制的核心目标是加强基准利率在经济调控中作为核心的地位和作用。基准利率机制研究涉及:基准利率的设计和选择;基准利率水平的形成方式;基准利率在经济中的信息、资金、风险的传导结构;基准利率调控等多项相关内容。

本书选择以研究和分析具有前瞻性的利率承载标的的创新及利率承载市场的交易制度的创新为切入,探索性的对基于连续永续债券的新型基准利率市场机制的主要问题进行研究和分析。

从实践的角度看,本书具有前瞻性。本书所研究的新型基准利率市场机制是对现有金融实践发展趋势的跳跃式发展,虽然新机制所需的连续永续债券在实践中尚未出现,但本书通过较为全面和深入的研究已经为未来实践基于连续永续债券的新型基准利率市场机制进行了较为充分的理论铺垫。

从理论的角度看,本书具有开拓性。本书创新性的发展并研究了连续永续债券合约族这一重要的金融工具,开拓了连续现金流金融工具相关研究和离散现金流金融工具相关研究相对比、永续金融工具相关研究和有限期金融工具相关研究相补充的全新金融工具理论研究体系。

基于连续永续债券的新型基准利率市场机制研究其重要意义体现在以下几个方面。

促进我国债券市场快速发展:连续永续债券及其交易机制的研究,不仅可以有效地弥补永续债券、可续期债券等类似债券的债券品种空缺,也将为我国发行永续债券和建立完善的债券市场发挥重要的促进作用,同时也会促进现货市场和期货市场统一与融合。

促进连续债券理论体系创新:之所以选择这样一个方向和题目,主要是因我国永续债券市场领域研究尚未起步,也缺乏对永续债券市场重要作用的深刻认识。通过本选题研究,力图促进连续永续债券市场交易机制和探索基于连续永续债券的新型基准利率市场机制等理论体系创新和发展,并有助于促进债券市场的一级市场和二级市场整合、现货市场和期货市场整合的重要作用。

完善利率市场和收益率曲线理论:本书试图通过连续永续债券市场交易机制研究和基于连续永续债券的基准利率市场机制研究,探索出一套刻画利率市场和连续时点数据描绘收益率曲线的理论和方法,完善利率市场和收益率曲线理论。

第2章　利率的正演与反演理论

利率这一概念之所以产生并不断发展,源于资本在逐利过程中急需一种比较资本增殖❶能力的科学标准,以实现简单而可靠的投资决策。利率相关概念和方法的发展,某种意义上来说提高了资源分配的效率。当然,利率这一概念从萌芽到目前较为科学完善的状态,经历了一个复杂的发展过程。本章将分析利率相关概念和方法发展的关键节点,并提出和阐述利率概念和方法的下一个值得发展和突破的领域——利率的正演与反演理论。

2.1　利率度量方式的演进

2.1.1　利息

考虑一个单期理想投资项目,0时刻开始T时刻结束,0时刻需要投入的资本量记作$A(0)$,T时刻可以收回的资本量记作$A(T)$,则

---

❶这里用的是"增殖"而非"增值",表示纯粹名义数量的增长而非价值的变化。

资本在这个投资项目中的增殖记作 ΔA，称为利息，记作 I，用公式可表述为

$$I \equiv \Delta A = A(T) - A(0) \tag{1}$$

式（1）中，I、ΔA、$A(T)$、$A(0)$ 的量纲都是资本数量的量纲。

需要补充说明一点，资本数量的量纲可以对应货币的量纲，其度量单位可以是元、镑、刀、欧这样的货币单位。但事实上，货币形式的资本是较晚产生的，更早时代的资本就是诸如种子这样的实际可以增殖的资源，那么资本数量的量纲就取决于这些资源度量的量纲，如质量。

式（1）反映的是从项目情况推算利息的计算。这一计算过程称为对利息的反演过程。与反演相对偶的是正演。利息的正演可以表示为

$$A(T) = A(0) + I \tag{2}$$

式（2）反映的是，假定资本投入 $A(0)$，可以通过利息 I 正演出资本增殖后的资本总量 $A(T)$，这样一个利息的正演过程。

2.1.2　有效利率

利息作为资本增殖能力的比较标准，适用于可选项目具有排他性的情形，即资本最终只能投向一个项目的情形。随着金融技术的发展与提高，一方面会通过各种方法更有效地利用资本；另一方面会通过各种途径更有效地为项目融资。这就必然使得不仅资本可以同时投资多个项目，同时一个项目也可以被多个资本所投资。这种情形下，单纯的比较利息就不再能够做出科学充分的投

资决策,投资决策必须考虑单位资本的增殖情况,即有效利率。

继续考虑那个单期理想投资项目,0时刻开始T时刻结束,0时刻需要投入的资本量记作$A(0)$,T时刻可以收回的资本量记作$A(T)$,则资本在这个投资项目中的增殖率,称为有效利率,记作R,用公式可表述为

$$R \equiv \frac{\Delta A}{A} = \frac{A(T)}{A(0)} - 1 \qquad (3)$$

式(3)中,R是无量纲量;ΔA、A、$A(T)$、$A(0)$的量纲都是资本数量的量纲。

式(3)反映的是从项目情况推算有效利率的计算。这一计算过程称为对有效利率的反演过程。与反演相对偶的是正演。有效利率的正演可以表示为

$$A(T) = A(0) \times (1 + R) \qquad (4)$$

式(4)反映的是,假定资本投入$A(0)$,可以通过有效利率R正演出资本增殖后的资本总量$A(T)$,这样一个有效利率的正演过程。

2.1.3 名义利率

有效利率作为资本增殖能力的比较标准,适用于资本投资非贯序的情形,即一批资本投资完一批项目后,在这批项目全部到期前不再投资任何其他项目的情形。随着金融的发展和深化,越来越多的投资项目涌现到资本面前。这就必然使得资本不会休息,任何到期回收的资本会立即投入下一批投资项目的决策中去。这种情形下,单纯的比较有效利率就不再能够做出科学充分的投资

决策,投资决策必须考虑单位时间的增殖情况,即名义利率。

继续考虑那个单期理想投资项目,0时刻开始T时刻结束,0时刻需要投入的资本量记作$A(0)$,T时刻可以收回的资本量记作$A(T)$,则资本在这个投资项目中单位时间的增殖率,称为名义利率,记作r,用公式可表述为

$$r \equiv \frac{\Delta A}{A \Delta T} = \frac{\frac{A(T)}{A(0)} - 1}{T - 0} \qquad (5)$$

式(5)中,r的量纲是1/时间;ΔA、A、$A(T)$、$A(0)$的量纲都是资本数量的量纲;ΔT、T的量纲都是时间。

式(5)反映的是从项目情况推算名义利率的计算。这一计算过程称为对名义利率的反演过程。与反演相对偶的是正演。名义利率的正演可以表示为

$$A(T) = A(0) \times [1 + r \times (T - 0)] \qquad (6)$$

式(6)反映的是,假定资本投入$A(0)$,投资期限T,可以通过名义利率r正演出资本增殖后的资本总量$A(T)$,这样一个名义利率的正演过程。

2.1.4 瞬时利率和平均利率

现在考虑一个复杂理想投资项目,0时刻开始T时刻最终结束,0时刻需要投入的资本量记作$A(0)$,T时刻最终可以收回的资本量记作$A(T)$。现在,增加考虑这个项目的一个中间时刻m时刻。m时刻既是项目第一阶段的结束,也是项目第二阶段的开始。m时刻第一阶段可以收回的资本被立即投入第二阶段,这个资本量记

作 $A(m)$。现在考虑,项目整体名义利率,记作 $\bar{r}$,项目第一阶段名义利率,记作 r_1,项目第二阶段名义利率,记作 r_2,则根据名义利率正演公式(6),可得

$$\begin{cases} A(m) = A(0) \times \left[1 + r_1 \times (m-0) \right] \\ A(T) = A(m) \times \left[1 + r_2 \times (T-m) \right] \\ A(T) = A(0) \times \left[(1 + \bar{r} \times (T-0)) \right] \end{cases} \tag{7}$$

用等式组(7)的上两式与左右互换的最后一式相乘,左右约去 $A(0)$、$A(m)$、$A(T)$ 可得

$$\left[1 + \bar{r} \times (T-0) \right] = \left[1 + r_1 \times (m-0) \right] \times \left[1 + r_2 \times (T-m) \right] \tag{8}$$

两边取对数并继续化简可得

$$\bar{r} = \frac{r_1 \times (m-0) + r_2 \times (T-m)}{T-0} + \frac{r_1 \times r_2 \times (m-0) \times (T-m)}{T-0} \tag{9}$$

式(9)右边第一项可以看作两个阶段名义利率按照两阶段时长进行的加权平均,这非常有意义。但是名义利率的定义导致式(9)右边存在一个余项。

现在考虑第一阶段和第二阶段的时长相等且名义利率均为 r 的情况,式(9)被重写为

$$\bar{r} = \frac{r \times (m-0) + r \times (2m-m)}{2m-0} + \frac{r^2 \times (m-0) \times (2m-m)}{2m-0} \tag{10}$$

化简可得

$$\bar{r} = r + \frac{r^2}{2} \times m \tag{11}$$

式(11)右边第一项显然是两个阶段名义利率按照两阶段时长进行的加权平均,由于假设这个平均值就是 r。式(11)右边依然存在一个余项。但这个余项与阶段时长成正比。因此,如果无限细

分阶段,使阶段时长逼近于0,则式(11)右边依然存在一个余项将逼近于0。

现在不妨考虑一个复杂理想投资项目,任何时刻t都可以测量其资本量,记作$A(t)$,则t时刻附近的一个逼近于0的时间段内的名义利率,称为t时刻的瞬时利率,记作$r(t)$,用公式可表述为

$$r(t) \equiv \frac{\mathrm{d}A(t)}{A(t)\,\mathrm{d}t} \qquad (12)$$

式(12)中,$r(t)$的量纲是1/时间;$\mathrm{d}A(t)$、$A(t)$的量纲都是资本数量的量纲;$\mathrm{d}t$、t的量纲都是时间。

式(12)反映的是从项目情况推算瞬时利率的计算。这一计算过程称为对瞬时利率的反演过程。与反演相对偶的是正演。瞬时利率的正演可以表示为

$$A(T) = A(0) \times e^{\int_0^T r(u)\mathrm{d}u} \qquad (13)$$

考虑一个单期理想投资项目,0时刻开始T时刻结束,0时刻需要投入的资本量记作$A(0)$,T时刻可以收回的资本量记作$A(T)$,则资本在这个投资项目中平均的单位时间增殖率,称为平均利率,记作$\bar{r}$,用公式可表述为

$$\bar{r} = \frac{\log\left(\dfrac{A(T)}{A(0)}\right)}{T-0} \qquad (14)$$

式(14)中,$\bar{r}$的量纲是1/时间;$A(T)$、$A(0)$的量纲都是资本数量的量纲;T的量纲都是时间。

式(14)反映的是从项目情况推算平均利率的计算。这一计算过程称为对平均利率的反演过程。与反演相对偶的是正演。平均利率的正演可以表示为

$$A(T) = A(0) \times e^{\bar{r} \times (T-0)} \tag{15}$$

式（15）反映的是，假定资本投入 $A(0)$，投资期限 T，可以通过平均利率 r 正演出资本增殖后的资本总量 $A(T)$，这样一个平均利率的正演过程。

现在考虑一个复杂理想投资项目，0 时刻开始 T 时刻最终结束，0 时刻需要投入的资本量记作 $A(0)$，T 时刻最终可以收回的资本量记作 $A(T)$。现在，增加考虑这个项目的一个中间时刻 m 时刻。m 时刻既是项目第一阶段的结束，也是项目第二阶段的开始。m 时刻第一阶段可以收回的资本被立即投入第二阶段，这个资本量记作 $A(m)$。现在考虑，项目整体平均利率，记作 $\bar{r}$，项目第一阶段平均利率，记作 r_1，项目第二阶段平均利率，记作 r_2，则根据平均利率正演公式（15），可得

$$\begin{cases} A(m) = A(0) \times e^{r_1 \times (m-0)} \\ A(T) = A(m) \times e^{r_2 \times (T-m)} \\ A(T) = A(0) \times e^{\bar{r} \times (T-0)} \end{cases} \tag{16}$$

用等式组(16)的上两式与左右互换的最后一式相乘，左右约去 $A(0)$、$A(m)$、$A(T)$ 可得

$$e^{\bar{r} \times (T-0)} = e^{r_1 \times (m-0)} \times e^{r_2 \times (T-m)} \tag{17}$$

两边取对数并继续化简可得

$$\bar{r} = \frac{r_1 \times (m-0) + r_2 \times (T-m)}{T-0} \tag{18}$$

式（18）说明整个项目的平均利率等于两个阶段平均利率按照两阶段时长进行的加权平均。平均利率的定义解决了名义利率的定义导致式（9）右边存在一个余项的问题。

2.2　利率承载内涵的扩大

2.2.1　资本的机会成本

随着利率度量方式的日趋科学与完善，人们对利率的理解也逐渐跳出了单纯的资本增殖能力指标的狭隘认识。利率作为资本的机会成本的衡量指标这一认识逐渐浮出水面并达成共识。作为资本的机会成本的衡量指标，也就是资本的价格，利率与金融投资项目的定价有了更紧密的结合，同时利率的内涵也得益于金融投资项目定价影响因素的多样性而变得更为丰富。

2.2.2　通胀风险利率溢价

货币经济时代的利率，测量的是资本货币形式的增殖能力。但是，货币的价值并非一成不变的。货币可能面向所有的商品发生贬值，从而使得商品以货币计量的价格普遍上涨，同样数量的商品对应了更多的货币，构成了通货膨胀。然而资本是理性的，资本不仅会考虑投资项目以货币形式的增殖情况，也会考虑投资项目以实物形式的增殖情况。我们称考虑投资项目以实物形式的增殖情况的利率为实际利率，称考虑投资项目货币形式的增殖情况的利率为名义利率，而名义利率高出实际利率的差值实际上就是通货膨胀的衡量，也就是通胀风险利率溢价。

2.2.3　利率风险利率溢价

即期利率是债券票面所标明的利率或购买债券时所获得的折价收益与债券当前价格的比率。是某一给定时点上无息证券的到期收益率。可以用整个期限的瞬时利率加权平均而得出。我们称这种瞬时利率关于时间的关系模型为短期利率模型。我们观察到历史上，瞬时利率随时间的变动具有随机性，形成了利率风险。利率风险在时间上存在累积，这就形成了无风险利率的期限结构。无风险利率是可以忽略违约风险的利率，但利率风险已经以利率风险利率溢价的形式包含其中。

2.2.4　违约风险利率溢价

所谓违约风险，就是投资项目到期未能足额回收投资收益的风险。违约风险降低了金融投资项目的价值，即现值。而降低了现值的金融投资项目按照原先的未来投资收益，即将来值，反演利率将会比未降低现值的情形得出更高的利率。这个高出的部分就是违约风险利率溢价。

2.2.5　利率期限结构

所以，当利率成为资本的机会成本，即资本的价格，而各类风险导致的资本价格的折价就在利率反演的过程中对应成为各种风险利率溢价。利率溢价补充预期理论，解释了利率期限结构的成因。

利率期限结构的形成具有多个层次。首先，新古典主义理论所断言的水平的利率期限结构虽然在现实中几乎不存在,但利率水平的整体变动规律在经验观察中依然显著,也就是说利率期限结构应当具有一个水平的基础结构。其次,预期理论所断言的预期远期利率和即期利率的互动关系不仅具有优良的经济学含义,更在实践中广泛应用,说明利率期限结构中具有受预期远期利率影响的成分。再次,利率风险利率溢价在利率期限结构形成中的作用也很突出,另一种等效的观点是将利率风险利率溢价看作一个能够锁定利率风险并赋予资产流动性的利率衍生品的利率对价。最后,其他影响利率期限结构的因素都可以遵循前面的思路通过恰当的剥离,相对独立地影响利率期限结构。因此,利率期限结构的成因,在现有理论的基础上进一步发展的话,应当分层次地分析。而最终市场上可见的或者市场上可推算的利率期限结构,必然是多层次因素加成的结果。

从宏观经济的角度分析,应当更多的研究利率期限结构所反映出的经济增长预期、通胀预期、利率风险等信息,而应首先剥离或剔除利率期限结构中信用风险利率溢价。我们称无须考虑信用风险或具有一致信用风险的利率为基准利率。

基准利率的利率期限结构对于金融市场具有极为重要的意义。从微观上看,附加了针对不同个体的信用风险利率溢价基准利率期限结构,即个体利率期限结构是资产定价和风险管理等工作的基础。从宏观上看,基准利率期限结构不仅是货币政策的工具变量也是货币政策的目标变量,既是市场判断经济形势的重要指标也是货币当局判断经济冷暖的重要依据。利率期限结构,即收益率曲线的形状,间接的变化反映了市场对未来利率走势和对未来经济运行趋势及风险的预期,因此利率期限结构已成为政府制定宏观经济政策的重要参考。

2.3 市场利率的正演与反演

利率市场是承载利率期限结构对接资金供给方和资金需求方的市场化的金融机制。利率市场的核心功能是按照市场利率期限结构实现资金的跨期配置。而市场利率期限结构则是由资金的供给和资金的需求共同作用而形成的。

由于利率作为货币资本的价格(即资金的价格)具有复杂的结构,构建利率市场往往需要通过引入特定的金融工具作为利率市场标的,从而通过交易利率市场标的实现利率市场的功能。因此,好的利率市场标的,其市场价格和利率市场的利率期限结构应当存在着一定的相互对应关系。本书借鉴地球物理勘探科学的概念,称利率市场标的的市场价格和利率市场的利率期限结构的相互推算问题为利率市场的正反演问题。

正演和反演的概念来自以地震勘探为代表的地球物理勘探科学。地球物理勘探的目的是通过低成本的物理方法勘探地下地层结构,从而服务于矿藏开采和土木施工等领域。根据不同物质具有不同的振动波传导性质的物理学基础,地球物理勘探科学家发明了地震勘探方法。

地震勘探的基本原理是根据不同物质对地震波的投射和反射的物理规律,通过在地表建立人工地震震源,并在人工震源周围铺设大量地震波检波器,从而依靠各不同铺设位置的检波器所采集到的由人工地震震源发出的经过地层传导至各检波器所在位置的地震波信息来推算地下地层结构。

地震勘探中的正演问题是根据物理学原理和假设的地层结构,模拟地震波传导过程,从而推算出特定人工震源波形和检波器组位置等信息的情况下各检波器应当检测到的地震波形式。地震勘探的正演逻辑示意图如图 2-1 所示。

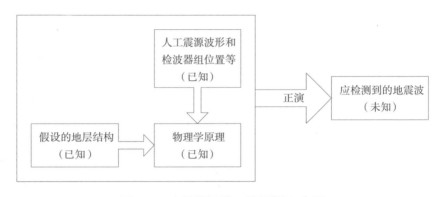

图 2-1　地震勘探的正演逻辑示意图

正演和反演在一定程度上具有互逆的关系,然而正演问题往往较为直接,可以较为容易的得到正演结果,而反演问题在数学上具有逆问题的性质,往往具有较大的求解难度甚至会出现多解性问题。

地震勘探中的反演问题是在给定人工震源波形和检波器组位置等信息的情况下根据物理学原理和各检波器测到的地震波,倒推地震波传导过程,还原出可能的地层结构。地震勘探的反演逻辑示意图如图 2-2 所示。

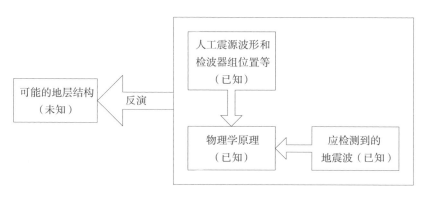

图 2-2 地震勘探的反演逻辑示意图

地震勘探中的反演问题是地震勘探的核心任务,即根据检波器采集到的地震波信息倒推可以形成该地震波传导结果的地层结构。但地震勘探的反演问题是以地震勘探正演研究为基础的,即需要先根据物理学原理建立正演模型,从而通过数学上求解反问题的一般思路完成反演算法的开发。

正演和反演的理论适用于许多领域,包括雷达、声呐、B超、核磁共振、CT等。正演和反演的理论优势在于基于特定领域的相关背景理论构建正演模型后利用数学反问题的一般思路构建反演算法,整个正演反演体系科学、方法可靠、具有可扩展性和跨学科可借鉴性。利率市场正演和反演与地震勘探中的正演和反演及其他各领域的正演和反演十分相似。

所谓利率市场正演,就是根据相关经济学原理通过利率期限结构(即收益率曲线)演算利率市场标的价格。利率市场正演的主体问题是利率市场标的的定价问题。但利率市场正演在研究金融工具定价问题的基础上还需要研究金融市场微观结构等影响利率市场标的最终市场价格的相关问题。利率市场正演逻辑示意图如图 2-3 所示。

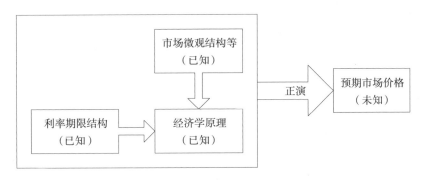

图 2-3　利率市场正演逻辑示意图

所谓利率市场反演，就是根据相关经济学原理利用利率市场标的的市场价格反推利率期限结构。目前的一些静态利率期限结构研究具有利率市场反演的特征，即形式上都是从市场标的价格推算收益率曲线。但利率市场反演与现有研究在研究理念上具有巨大差异。现有静态利率期限结构研究更多的是出于直观性和实用性的考虑，并不强调甚至忽略了从市场标的价格推算收益率曲线方法上的经济学意义。利率市场反演在理论上强调和利率市场正演的对偶和互逆关系，要求利率市场正反演具有系统性和一致性，从而保证了必要的经济学关系和经济学意义同时贯穿于利率市场正演和利率市场反演的研究中。利率市场反演逻辑示意图如图 2-4 所示。

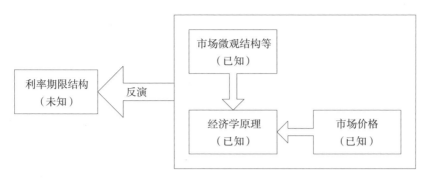

图2-4 利率市场反演逻辑示意图

在利率市场正反演理论的框架下,市场利率应当是利率市场所有货币资产供求信息的汇总和浓缩。要使得利率市场可以完成这样的信息汇总浓缩功能,需要两方面的市场机制设计,第一方面是利率市场标的的合约形式;第二方面是利率市场标的的撮合方式。

利率市场标的的合约形式,即利率市场正反演中市场价格部分,决定了利率市场利率发现功能的潜力和利率市场利率锁定功能的潜力。从信息论的角度看,利率市场标的的合约形式决定了利率市场反演最大可能使用的信息量。

利率市场标的的撮合方式,即利率市场正反演中市场微观结构部分,决定了利率市场如何完成利率发现功能和利率锁定功能。从信息论的角度看,利率市场标的的撮合方式决定了利率市场反演实际可以使用的信息量。

利率市场的正演过程从信息论的角度就是利率期限结构信息汇总市场微观结构等信息后再用数学的方法处理并形成市场价格信息的过程。而利率市场的反演过程则是将利率市场用市场的方

法形成的市场价格信息汇总市场微观结构等信息后再用数学的方
法还原利率期限结构信息的过程。

利率市场的正演与反演是利率度量中正演与反演的自然扩
展。但是,由于利率市场中的利率承载了多种风险溢价成分,加上
利率市场上并非 Arrow-Debreu 市场,即完备市场(complete market),
所以利率市场的反演从数学上看往往是病态问题(ill-posed),因而
需要人为增加许多正则化(regularization)假设条件。

第3章 基准利率理论与实践

3.1 现有基准利率的分类

尽管国际上基准利率机制的模式和功能多种多样，并且学术界尚未达成对于基准利率机制分类的共识，但较为系统性的分类对于基准利率相关的后续研究十分重要。本书在前人基准利率相关研究的分类思路的基础上，参考国际上主要经济体的金融监管体系的职能划分情况及利率相关市场和金融工具的分割情况，理论与实践相结合，从基准利率形成于怎样的形成模式、基准利率作用于怎样的资金流向、基准利率嵌入于怎样的标的合约、基准利率适用于怎样的传导机制四个较为重要的侧重角度出发，将基准利率机制进行了按形成模式、资金流向、标的类型、传导路径四个不同维度的分类。

3.1.1 按形成模式分类

基准利率机制按形成模式分主要可分为行政化的基准利率机制和市场化的基准利率机制两大类。行政化的基准利率机制的主要特征是基准利率水平由政策决策机构通过行政化的手段实施。行政化的基准利率机制通常具有强制性,理论上能够更好地实现逆周期调控等重要的政策效果,是基准利率机制体系中不可或缺的一类。市场化的基准利率机制的主要特征是通过市场主体的自主市场行为形成基准利率水平。市场化的基准利率机制通常具有敏感性,能够快速对经济环境的变化做出反应,从而成为重要的经济周期信号指标,也是基准利率机制体系中不可或缺的一类。

行政化的基准利率机制和市场化的基准利率机制的有机结合是完善基准利率机制体系的重要课题。美国联邦储备系统的建立,就是美国在行政化的基准利率机制缺失下对其基准利率机制不足的一种修补。同样,我国近几年所进行的利率市场化改革也是对我国从市场化的基准利率机制缺失的计划经济体制发展为市场经济体制后修补和完善基准利率机制的必然选择。

3.1.2 按资金流向分类

基准利率从其接受者的投融资方向上可以分为基准投资利率和基准融资利率。所谓基准利率的接受者,是指在基准利率水平确定上相对缺乏谈判力或定价权的一方。对于很多情形,基准利率的接受者很容易判断。通常而言,如果基准利率相关交易或基准利率相关操作中有一方是货币当局或者国债债务人,则另一方往往是基准利率的接受者。当然,这些情形下还可以细分出两种子情形,第一种子情形是基准利率的接受者所接受的基准利率水平完全由交易对手制定。具体情形包括中央银行向商业银行提供的隔夜拆借的利率及中央银行向商业银行提供的超额准备金利率等。第二种子情形是基准利率的接受者所接受的基准利率水平并不由交易对手制定,而是由包括该基准利率的接受者在内的所有希望参与交易或操作的潜在基准利率的接受者通过某种竞争机制共同制定。这种子情形下的竞争机制一般是拍卖和招标。具体情形包括新发国债在国债一级市场的发行等。

所谓基准投资利率,是指基准利率的接受者所接受的基准利率相关交易或操作对该基准利率的接受者可以实现投资的功能,也就是基准利率的接受者在参与基准投资利率相关交易或操作时需要投入现金资金,但可以在之后的某个时间或某个时段获得投资收益。基准投资利率的典型例子是中央银行向商业银行提供的超额准备金利率及国债逆回购利率等。基准投资利率一般而言确定了其他市场利率的下限,即不应当出现低于基准投资利率的市场利率水平。

所谓基准融资利率,是指基准利率的接受者所接受的基准利率相关交易或操作对该基准利率的接受者可以实现融资的功能,也就是基准利率的接受者在参与基准融资利率相关交易或操作时可以获得现金资金,但需要在之后的某个时间或某个时段支付融资成本。基准融资利率的典型例子是中央银行向商业银行提供的隔夜拆借的利率以及中央银行向商业银行提供的各类流动性便利工具的利率等。

3.1.3 按标的类型分类

由于利率总需要通过某种标的合约来承载,因此基准利率也不例外。而基准利率机制按照利率所嵌入于的标的类型可以分为信贷类基准利率机制、证券类基准利率机制和衍生品类基准利率机制。

信贷类基准利率机制的特点是信贷合约不可转让。因此,信贷类基准利率具有场外交易的特征。从合约条款上来看具有巨大的灵活性,可以进行深度定制。但从合约的执行上看则正好相反,合约执行过程中无法通过引入二级市场建立退出机制。这是信贷类基准利率机制和证券类基准利率机制的主要区别。从操作层面上看,信贷类基准利率机制用于行政化的基准利率机制是一种不错的搭配。在这样的搭配下,一方面可以通过合约条款设计上的灵活性丰富行政化的基准利率机制的潜在功能;另一方面又可以通过执行上的不可退出性保障行政化的基准利率机制的针对性实施效果。

证券类基准利率机制的特点是证券合约提供了自由转让所带来的市场化定价优势和流动性。因此,证券类基准利率机制从基准利率传导的角度上更为高效,能够更好地完成宏观利率和微观利率的衔接,使得宏观利率和微观利率能够相互影响,实现具有反馈功能的货币政策管理闭环。但是,证券类基准利率机制相比信贷类基准利率机制更容易受到市场扰动(包括非理性因素)的影响,会出现一定的噪声。也就是说,证券类基准利率机制实际是用更低的信噪比为代价换取了更快速的传导,这样就造成了一定的信息失真,存在一定的负面影响。特别是如果证券类基准利率机制所依托的证券的市场机制不够完善,市场微观结构不够合理,市场参与不够充分和全面,那么证券类基准利率机制将面临更大的问题。因此,要用好证券类基准利率机制传导快的特点,促进宏观利率和微观利率结合的优势,就需要在证券合约和证券交易机制上进行改进、创新。

衍生品类基准利率机制的特点是提供了比证券类基准利率机制更为灵活的标的合约的同时,为其参与者提供了丰富的对未来利率水平的锁定机制及利率变动市场风险的对冲机制。因此,衍生品类基准利率机制理论上可以提供最优的宏观利率、微观利率结合及优于证券类基准利率机制的市场信息信噪比。但是,由于衍生品交易往往是准备金交易,在极端情况下具有触发连锁反应的风险,将有可能使得市场的变动在极端情况下进一步加速远离均衡而非回归均衡。因此,管理和控制衍生品类基准利率机制的连锁反应风险仍是一个开放的问题。

3.1.4　按传导路径分类

本书对当前主要的基准利率机制各种类型的分析将按照以基准利率传导路径的种类进行划分的方法。这种划分的方法与前面提到的按形成模式分类、按资金流向分类、按标的类型分类相比,最大的区别在于按传导路径分类的方法是从实践出发的综合性分类方法。这种分类并不是从一个简单的维度将基准利率机制进行绝对的划分。按传导路径分类更符合基准利率机制研究及基准利率机制设计的需要。因为调控基准利率的核心目的是调控经济，以便让经济可以在更为合理的区间相对平稳而高效地运行。而现实经济是复杂且相互交织的。因此，试图用一种绝对的标准划分经济问题在理论上虽然可行，但在实践中不仅往往缺乏适用性，而且必然会缺乏全面性并可能潜藏问题。

从基准利率的传导路径来看，基准利率的传导路径并不是单一的和绝对的，也不是僵死固定不变的，基准利率的传导路径是多重的、交织的、时变的、模糊的。因此，本书对众多的基准利率传导路径进行梳理，认为可以按照聚类的思路、按照众多的基准利率传导路径的关联性和相似度进行分组，并最终按照每组相对处于源头的部分确定类别。

3.2 基于央行业务的机制

基准利率体系中的利率基准的第一类来源就是能够起到利率调控作用和利率基准效应的中央银行向商业银行开展的中央银行业务。基于中央银行业务形成的基准利率按形成模式分类，既可以形成行政化的基准利率机制也可以形成市场化的基准利率机制。从历史的演变看，传统的中央银行业务行政化的成分更高，而现代新型的中央银行业务更注重市场化的属性。基于中央银行业务形成的基准利率按资金流向分类，既包含基准投资利率机制也包含基准融资利率机制。然而,从各中央银行的操作看,中央银行业务所形成的基准投资利率往往具有投资利率下限的作用,因而更多地用于紧缩性的货币政策。而宽松性特别是刺激性的货币政策则主要依靠中央银行业务所形成的基准融资利率下调。然而,由于传统的中央银行业务所形成的短期基准融资利率受到零利率边界的制约,中央银行业务创新成为2008年金融危机后各中央银行普遍的任务。基于中央银行业务形成的基准利率按标的类型分类,主要都是信贷类基准利率机制。当然,证券类基准利率机制及衍生品类基准利率机制随着中央银行业务创新正在不断开发和扩充,并有快速发展的趋势。

3.2.1 传统短期基准利率机制

传统的基于中央银行业务的基准利率机制主要是以形成隔夜利率为主的短期基准利率机制。传统货币政策理论认为,中央银行的货币政策工具包括数量型政策工具和价格型货币政策工具两类。当时的学者认为数量型货币政策工具仅作用于货币供应量这一工具变量,而价格型货币政策工具仅作用于短期基准利率(主要是隔夜利率)这一工具变量。两类货币政策工具可以独立进行,也可以配合使用,但每一类货币政策工具的效果不会影响另外一类货币政策工具变量。在这样的传统货币政策工具理论框架下,以超额存款准备金利率、再贴现利率为代表的两类工具变量成为价格型货币政策工具的主要作用对象。

（1）超额准备金利率

超额准备金利率是中央银行支付商业银行所存缴的超出法定准备金部分的准备金可获得的利息所采用的利率。基于超额准备金利率的基准利率机制，按形成模式分类属于典型的行政化的基准利率机制，按资金流向分类属于典型的基准投资利率机制，按标的类型分类属于信贷类基准利率机制。

传统理论认为，超额准备金利率可以影响商业银行的贷款利率、存款利率，从而形成直通实体经济的有效传导机制。然而，由于超额准备金利率期限和商业银行贷款期限的错配，以及商业银行存款利率的价格黏性，超额准备金利率在应用中对货币供应量的影响可能更为直接和有效，从而使得超额准备金利率成为比法定准备金利率更为灵活、精细的偏数量型货币政策工具。这里用到所谓偏数量型货币政策工具的概念，是对传统理论把货币政策工具二分为数量型和价格型的改进，认为货币政策工具可以同时兼具数量调控和价格调控的效果。

超额准备金利率可以和法定准备金利率相同，也可以不同。超额准备金利率作为一种基于中央银行业务的基准利率，其作用机理和传导路径并不单纯。而且，由于法定准备金利率、法定准备金率及超额准备金利率均是影响商业银行准备金数量和收益的因素，因此，超额准备金利率基准利率机制的作用机理是和法定准备金利率及法定准备金率的作用机理紧密相关的，而超额准备金利率基准利率机制的传导路径也是和法定准备金利率及法定准备金率的传导路径相互配合的。

实施紧缩性的货币政策，中央银行可以提高超额准备金利率，特别是可以使得超额准备金利率高于法定准备金利率。这时商业银行首先会判断是否需要提高贷款业务的利率水平。如果商业银行相应提高贷款利率水平,则基于超额准备金利率的基准利率此时便是价格型货币政策工具,能够起到基准利率机制的作用。如果商业银行向企业、个人贷款的意愿短期内不是十分强烈,或者商业银行担忧贷款利率提高所带来的逆向选择风险过大,商业银行将会维持贷款利率水平但缩减贷款数量,并将结余资金作为超额准备金缴存给中央银行。这样,理论上为价格型货币政策工具的超额准备金利率实际上却起到了数量调控的作用,因而并不能充分完成其作为基准利率机制的作用。

对于紧缩性的货币政策,超额准备金利率本身虽然是投资利率,然而它作为基准利率从传导路径上却不太容易影响商业银行向其客户提供的存款利率这样的零售投资利率。这是因为,一方面,超额准备金利率受制于中央银行资产业务的收益率,上浮空间非常有限;另一方面,银行存款的支付属性(流动性需求)重于投资属性(投机性需求)的特征,导致其需求并不像证券产品那样对利率水平敏感。

实施宽松性的货币政策,中央银行可以降低超额准备金利率,特别是可以使得超额准备金利率低于法定准备金利率。这时商业银行首先会判断是否有足够的贷款项目去缩减超额准备金。商业银行扩大贷款业务可能需要降低贷款利率水平。此外,商业银行可能还需要判断是否需要降低零售存款利率以抵消贷款利率降低带来的损失。因此,超额准备金利率在实施宽松性的货币政策时相比实施紧缩性的货币政策时能够起到更好的基准利率作用,具有广泛、直接、高效的传导路径。

对于宽松性的货币政策,降低超额准备金利率仍然会产生调控数量的作用。除非降低超额准备金利率之前,商业银行已经几乎没有超额准备金头寸,否则,降低超额准备金利率必然会刺激商业银行贷出原先的作为超额准备金的资金,从而使货币供应量增加。而对于超额准备金头寸存量已经十分低的经济体,降低超额准备金利率作为货币政策工具就会失效。此时,需要使用法定准备金利率调控。但是当法定准备金利率接近于零利率的时候,就出现了零利率下限问题。

由于上面所分析的超额准备金利率在货币政策工具和基准利率机制中所表现出的非对称性与条件性,超额准备金利率作为基准利率机制及货币政策工具的应用并不很多。当然,超额准备金利率在理论上仍然具有重要地位,是讨论基于中央银行业务的基准利率机制的不可或缺的一部分。

(2)再贴现利率

再贴现利率是中央银行向商业银行等金融机构提供再贴现业务中所使用的利率。再贴现业务本质上是中央银行承担最后贷款人职责向商业银行等金融机构提供的以金融资产为抵押的抵押贷款业务。再贴现利率,按形成模式分类属于典型的行政化的基准利率机制,按资金流向分类属于典型的基准融资利率机制,按标的类型分类属于信贷类基准利率机制。

传统理论认为,再贴现利率可以影响金融系统中的短期利率。同时,传统理论还认为,再贴现利率作为短期基准利率,中央银行对其的调整除了可以直接影响金融系统中的短期利率之外,还可以通过影响市场对未来利率的预期的方式影响中长期利率水平，从而实现由短端利率带动长端利率的金融体系的利率期限结构的变动。

实施紧缩性的货币政策，中央银行可以提高再贴现利率。这样，商业银行等金融机构获得短期流动性的成本上升。提高了短期流动性成本之后，商业银行等金融机构需要采取紧缩性的经营策略，包括减缓资金流出、加快资金回流等。紧缩性的经营策略的结果是商业银行等金融机构的金融资产增长减速甚至出现负增长，为了弥补资产的负向冲击，商业银行等金融机构会提高对资产的收益率的要求，对于商业银行而言主要会提高贷款利率水平。

实施宽松性的货币政策，中央银行可以降低再贴现利率。这样，商业银行等金融机构获得短期流动性的成本降低。降低了短期流动性成本之后，商业银行等金融机构需要采取扩张性的经营策略，主要是加速资产增长。扩张性的经营策略的结果是为了吸纳更多资产，商业银行等金融机构会降低对资产的收益率的要求，对于商业银行而言主要会降低贷款利率水平。

再贴现利率虽然是传统上的核心基准利率，然而随着经济的复杂性的增加，再贴现利率这一间接影响金融系统的行政化的基准利率机制的缺陷也在日益凸显。再贴现利率的传导路径不但长，而且受到其他经济因素的影响较大，使基于调整再贴现利率的货币政策的响应时间长且政策最终效果的不确定性高。因此，国际上许多中央银行都开发了许多新型的流动性工具来补充再贴现业务的局限性。不仅如此，为了获得更具市场代表性的利率决策基础，世界各经济体都在扩展市场化的基准利率机制的种类和适用范围。再贴现利率更多的成为彰显中央银行对经济形势基本态度的指标,而且原有的功能正被新兴的行政化的基准利率及更为广泛的市场化的基准利率所替代。

3.2.2　现代中长期基准利率机制

中央银行的传统短期基准利率机制除了前面分析到的问题之外,还有一个最关键的不足就是期限上与商业银行等金融机构的主要资产的期限不匹配。期限不匹配导致基准利率作为经济观察指标存在失真的问题,而作为经济调节指标存在低效的问题。因此,近 10 年来,各中央银行都在开发各种适用期限更为广泛,实施形式更为多样的现代化中长期流动性工具及相应的中长期基准利率机制。

中央银行的中长期基准利率机制从发展的角度看属于对传统的再贴现利率基准利率机制的扩展,其本质仍是中央银行向商业银行等金融机构提供流动性的业务。中央银行的中长期基准利率机制从具体业务上看包括抵押贷款和信用贷款两类。中央银行的中长期基准利率机制,按形成模式分类属于典型的行政化的基准利率机制,按资金流向分类属于典型的基准融资利率机制,按标的类型分类属于信贷类基准利率机制。

3.2.3　数量化间接基准利率机制

最近几年,世界范围内主要货币区的中央银行为了应对严重的经济衰退及零利率下限等问题以实现更为有效的经济刺激,在传统短期基准利率机制及现代中长期基准利率机制的货币政策工具箱的基础上,进一步进行了中央银行业务创新,逐渐发展形成了一套以量化宽松为代表的新型数量化主导的货币政策工具。

新型数量化主导的货币政策工具结合了中央银行窗口业务和中央银行公开市场操作的优势,以货币量调控为先导,兼顾基准利率调控作用,可以认为是中央银行出现之后最重要的中央银行业务创新。

以量化宽松为代表的数量化间接基准利率机制,具有现代中长期基准利率机制的重要特征,即中央银行允许商业银行等金融机构以金融资产为基础获得流动性。不同于现代中长期基准利率机制,中央银行实施量化宽松可以通过购买而非抵押贷款向商业银行等金融机构提供永久性的流动性支持。因此,量化宽松具有了公开市场操作特征。同时,由于中央银行参与收购中长期金融资产,因此对中长期市场利率水平也有调节作用。

数量化间接基准利率机制不同于传统的公开市场操作在于,传统的中央银行公开市场操作所使用的交易标的是国债,而以量化宽松为代表的新型数量化间接基准利率机制可以用于交易的标的更为广泛。由于这一特征,以量化宽松为代表的新型数量化间接基准利率机制可以直接影响更为广泛类型金融资产的价格,从而可以更为直接地影响更为广泛的非基准利率的利率期限结构。这样使得以量化宽松为代表的新型数量化间接基准利率机制不仅在货币数量调控方面更为灵活,更使基准利率传导渠道更为直接,从而提高了中央银行业务对金融体系利率期限结构的整体调控作用效果和效率。

3.3 基于同业拆借的机制

基于同业拆借的机制主要由两部分构成。第一部分是银行间拆借市场及其报价机制。第二部分是银行间拆借利率的衍生品市场。银行间拆借市场主要提供短期市场化利率。银行间拆借利率通过银行间拆借市场的报价机制形成。而银行间拆借利率的衍生品市场则提供了市场化的中长期利率的利率发现和利率锁定机制。

3.3.1 银行间拆借和报价网络

银行间拆借机制起源于商业银行之间由于短期流动性分布不均而自发形成的相互调剂流动性的短期相互拆借业务。银行间拆借是以一种点对点分布式的交易形式进行的。这样的交易形式由完全自发的商业银行间两两拆借询价和报价为基础。因此,任何一个商业银行都可以对前来询价的其他商业银行报出不同的利率。从理论上讲,提供拆借的商业银行应当甄别具有拆借需求的商业银行的信用风险并定制化的给出报价。而拥有拆借需求的商业银行则需要向多家商业银行询价以确定自身可以获得的价格最优(利率最低)的银行间同业拆借服务。

按基准利率的形成模式分类,银行间拆借利率机制属于纯市场化的基准利率机制。按资金流向分类,银行间拆借利率机制核心是基准融资利率。由于银行间拆借利率机制中的主体既有拆出方也有拆入方。因此,银行间拆借利率机制按照资金流向划分具有基准融资利率和基准投资利率的双重属性。但是,由于银行间拆借业务只有当有流动性不足的商业银行存在才有可能发生。因此,银行间拆借利率机制是以存在流动性不足的商业银行询价为先导的。所以,银行间拆借利率机制按资金流向分类所具有的基准融资利率和基准投资利率的双重属性中,基准融资利率是先导、前提。故而银行间拆借利率机制核心是基准融资利率。按标的类型分类,银行间拆借利率机制为信贷类基准利率机制。

银行间拆借利率机制由于对等性、分散性,会形成许多不同的融资利率。因此,基于银行间拆借的基准利率机制在银行间拆借市场的基础上还需要规定一套基准利率报价生成规则。世界较为通行的银行间拆借利率基准报价生成规则一般具有两个关键元素。银行间拆借利率基准报价生成规则的第一个关键元素是报价团规则。报价团规则将在整个银行间拆借市场中甄选出一个用于产生基准利率的报价团。成为报价团成员的标准一般是甄选普遍被认为信用水平较高且市场参与度较高的商业银行。银行间拆借利率基准报价生成规则的第二个关键元素是报价合成规则。报价合成规则将规定如何收集报价团成员的报价及如何将报价团成员的众多报价综合成一个单一的基准利率报价。目前,通行的报价合成规则是收集报价团成员向银行间拆借市场提供的最优报价并通过去掉极端值后的加权平均合成最终单一的基准利率报价。所谓去掉极端值就是将报价最高的若干个利率和报价最低的若干个利率排除在当期加权平均样本之外。

通过实行银行间拆借利率基准报价生成规则,松散耦合的点对点分布式的银行间拆借市场可以每天提供一组主要期限的合成基准利率报价。这一机制在不出现报价操纵等丑闻的前提下,可以较为市场化地形成能够反映银行系统短期资金供给与需求情况的基准利率报价。

3.3.2 利率期货和利率互换市场

在银行间拆借交易网络和报价生成规则的基础上，以利率期货和利率互换为代表的利率衍生品市场得到了巨大的发展。利率衍生品市场以银行间拆借市场所生成的单一基准利率报价为原生资产，以现金交割期货等形式扩展了基于银行间拆借的基准利率机制，使之可以对更长期限的利率进行市场化的利率发现和利率锁定。

现在最具规模的利率期货市场是离岸美元期货。离岸美元期货通过现金交割的办法极大地扩大了期货市场的参与度，不仅使不能参与银行间拆借利率报价的银行拆借市场参与者可以参与利率期货交易，而且还使未参与银行拆借市场的几乎任何参与者都可以参与利率期货交易。离岸美元期货的合约在交割期上非常丰富，承载了利率互换市场的对冲需求，可以实现期限长达几十年的利率风险的对冲。

然而，利率期货市场的现金交割属性给银行间报价团成员带来了巨大的操纵银行间拆借基准利率的动机。这是因为，现金交割不能构成期货市场和现货市场的双向互动。当然，之所以选择现金交割，其重要原因在于银行间拆借利率本质上不存在现货市场，因而无法进行实物交割。这是因为银行间拆借利率生成规则产生的基准利率报价并不具备可交易性，而真正可交易的银行间拆借利率依然是以点对点分布式的方式实现的。获得真正可交易的银行间拆借利率的前提是成为银行间拆借市场网络的节点。这具有极高的门槛,没有什么金融机构短期内可以跨越。而一般的企业和个人更是完全不可能跨越这一门槛而进入银行间拆借市场网络中。不仅如此,即便可以真正与银行间拆借市场网络中的交易对手进行拆借,获得的利率也无法保证是银行间拆借市场提供的单一基准利率报价。因此,在利率期货等衍生品市场的影响下,银行间拆借报价在准确性上将越发不足。

3.4　基于国债市场的机制

基于国债的基准利率机制一直以来都是重要的基准利率市场机制。随着金融创新和衍生品的发展,基于国债的基准利率机制在传统的国债一级市场和国债二级市场的基础上,发展出了国债回购市场和国债期货市场。

3.4.1　国债发行市场

国债发行市场,即国债一级市场,是基于国债的基准利率机制的基础,是所有国债标的原始产生的市场。由于国债的发行存在典型的一对多的市场结构,因此国债一级市场不可能采取和国债二级市场相同的机制。一般而言,国债一级市场只有唯一的发行人,即国债发行主体和少数认购人。国债在国债一级市场通过拍卖的方式确定发行价格并完成相应的国债发行。

国债发行市场可以形成国债的初始认购价格,从而依据认购价格和国债的期限及票息率等信息,可以确定国债的隐含利率水平。当国债发行市场短时间内发行大量期限不同的国债时,可以通过这些近期发行的国债的发行价格、期限、票息率等信息确定国债的近似利率期限结构,从而实现以国债利率期限结构作为基准利率的作用。

基于国债发行市场的基准利率机制按形成模式分类属于准市场化的基准利率机制。这是因为国债发行市场的参与者较少,使得市场化程度受到了一定的不良影响。基于国债发行市场的基准利率机制按资金流向分类属于基准投资利率机制。国债发行市场可以确定发行国债的到期收益率。而对于市场参与者而言,国债发行市场只能买入国债,不能发行或做空国债,所以是典型的基准投资利率机制。基于国债发行市场的基准利率机制按标的类型分类属于典型的以债券为标的的基准利率市场机制。

3.4.2　国债流通市场

国债流通市场,即国债二级市场,是提供国债流动性并产生国债发行后价格的市场。国债流通市场是多对多的市场结构,具有较高的市场化程度,是基于国债的基准利率机制的核心。基于国债流通市场的基准利率机制按形成模式分类属于市场化的基准利率机制。基于国债流通市场的基准利率机制按资金流向分类具有基准投资利率机制和基准融资利率机制的双重可能性。但从当前世界范围内的实践看,基于国债流通市场的基准利率机制主要仍是基准投资利率机制。这是因为基于国债流通市场的基准利率机制只有具有做空机制时才能够实现基准融资利率机制的功能。基于国债流通市场的基准利率机制按标的类型划分，与基于国债发行市场的基准利率机制一样，都是典型的以债券为标的的基准利率市场机制。

基于国债流通市场的基准利率机制虽然市场化程度高，但并不能脱离基于国债发行市场而独立运行。而国债流通市场和国债发行市场由于市场参与者结构的差异，以及在交易机制上具有巨大差别，导致了两个基准利率机制的标的的价格形成机制差异巨大，可能会出现较大的价格偏差。此外，国债流通市场中所交易的国债虽然发行人相同，但每批国债的期限及票息率等规格均有差异，实质上国债流通市场被国债的发行批次分割成了若干个相互替代性不高的小的国债流通市场。这样就导致国债流通市场可以提供的流动性不能达到最优。随之带来的结果是国债流通市场中国债价格所隐含的利率期限结构并不能单纯地表现资金的供求信息，不同批次国债流动性升水对利率期限结构仍具有重要影响。因此基于国债流通市场的基准利率机制所形成的利率的基准性不佳。要想获得更具基准性的利率期限结构就需要克服流动性升水干扰的问题。

3.4.3　国债回购市场

国债回购市场是针对国债发行市场和国债流通市场的不足进行的金融创新。基于国债回购市场的基准利率机制按形成模式分类属于市场化的基准利率机制。基于国债回购市场的基准利率机制按资金流向分类具有基准投资利率机制和基准融资利率机制的双重性。其中，国债回购实现了基准融资利率功能而国债逆回购实现了基准投资利率功能。基于国债回购市场的基准利率机制按标的类型分类，不同于基于国债发行市场的基准利率机制和基于国债流通市场的基准利率机制，是典型的以衍生品为标的的基准利率市场机制。当然，无论是质押式国债回购还是买断式国债回购，其交易效果具有类信贷性。

基于国债回购市场的基准利率机制通过国债的回购和逆回购的交易，克服了基于国债流通市场的基准利率机制的两个不足。国债回购的原始形式是买断式国债回购，其具体形式是出售国债现货并约定回购期限和回购价格。这样的设计在逻辑上等价于一个国债现货售出附加一个国债远期购入。后来出现的质押式国债回购，从形式上与国债质押贷款就非常相似了。无论是原始的买断式国债回购还是后来出现的质押式国债回购，国债回购的设计使得国债回购交易中所隐含的利率可以不再依赖于售出或质押的国债的期限和票息率等属性。因此，基于国债回购市场的基准利率机制解决了基于国债流通市场的基准利率机制中基准利率受到流动性升水干扰的问题，可以产生更具基准性的基准利率。基于国债回购市场的基准利率机制克服的第二个基于国债流通市场的基准利率机制中的不足就是利率锁定的问题。基于国债回购市场的基准利率机制提供了锁定基准利率水平的功能。而利率锁定功能和利率发现功能是市场化的基准利率机制最为核心的两大功能。

3.4.4 国债期货市场

国债期货市场是针对国债发行市场、国债流通市场的不足进行的另一金融创新。基于国债期货市场的基准利率机制按形成模式分类属于市场化的基准利率机制。基于国债期货市场的基准利率机制按资金流向分类具有基准投资利率机制和基准融资利率机制的双重性。基于国债期货市场的基准利率机制按标的类型分类,不同于基于国债发行市场的基准利率机制和基于国债流通市场的基准利率机制,是典型的以衍生品为标的的基准利率市场机制。

基于国债期货市场的基准利率机制在理论上的一个重要潜在突破就是利用期货市场的价格发现功能解决国债发行市场定价机制市场化程度不足的问题,从而利用期货市场对等的撮合定价机制修正发行市场非对等的撮合定价机制造成的定价偏差。然而,由于国债发行上并没有对发行国债的形式进行约束,因此国债期货市场不得不通过转换因子将潜在的各种形式的国债标准化为国债期货市场中的标准化国债。因此,国债期货并不能很好地实现利率锁定的功能。事实上,国债期货在利率发现上也是非常有限的。更重要的是,现在国际上的实践中,国债期货市场所覆盖到的期限均短于国债发行市场所覆盖到的期限,这使得国债期货市场在改善国债发行市场的功能上也没有明显贡献。

3.5　基准利率的发展方向

基准利率机制不是从来就有的,也不是一成不变的。基准利率机制是跟随着经济发展和金融创新不断改进与变革的。现有的基准利率机制中有传统的基准利率机制,其历史可以追溯百年。现有的基准利率机制中也有现代的基准利率机制,其历史可能不足 10 年。从历史的纵向看,基准利率机制也如生命一样,有新陈代谢,如生态一样,需要适者生存。从地域的横向看,经济发展处于前沿的国家或地区,其基准利率机制一般也处于前沿。

中国的经济不仅经历长期高速的增长,更在当前越来越复杂的国际经济环境中成为世界经济发展的重要驱动力。中国的基准利率机制与中国的经济发展一样,也完成了快速的建立和成长。然而,最近中国经济发展正面临前所未有的机遇和挑战。一方面,随着中国经济增长进入"新常态",既要保障产业升级资金需求,又要严防产能过剩对经济的伤害;另一方面,中国仍需继续加速经济对外开放,既要推进人民币国际化,又要完善人民币汇率形成机制。以上这些经济发展新趋势和新挑战,都需要人民币基准利率机制的创新和完善来应对。

从世界和历史的大尺度分析,基准利率机制的发展具有两个最为重要的发展主线:一是完善利率发现功能;二是完善利率锁定功能。

利率发现功能的重要意义在于保证了基准利率的可参考性。利率发现功能越完善,由此形成的基准利率,就越真实、准确地反映着货币资产跨期配置的供求情况,就越具有可参考性。最近一个世纪,基准利率机制越来越注重市场化机制的发展,正是基准利率机制沿着不断完善利率发现功能这一主线所形成的发展趋势。

利率锁定功能的重要意义在于保证了基准利率的可参与性。利率锁定功能越完善,基准利率就越能和经济实现互动,金融体系中的利率信号就越有效率。最近几十年,回购市场的形成、利率期货和利率互换的出现、现代中长期中央银行业务的发明等都是基准利率机制沿着不断完善利率锁定功能这一主线所体现出的发展趋势。

然而,从基准利率的发展趋势来看,当前的基准利率机制有两个不足不仅在实践中无法突破,就是理论上也需要必要的创新和突破。这两个不足中的第一个不足就是缺乏对无穷期限利率的发现。这两个不足中的第二个不足就是缺乏对任意非标准期限利率的锁定。这两个不足的另一个表述就是基准利率期限的有限性和基准利率期限的离散性。

对无穷期限利率的发现十分重要。因为这是一个由量变到质变的问题。目前,基于国债的基准利率机制是可以实现利率发现功能中利率期限最长的基准利率机制。因此以基于国债的基准利率机制为例,现有的基于国债的基准利率机制最长可以实现50年期限的基准利率发现。但这个50年期利率发现的机制是一个50年期国债发行机制实现的。而50年期国债发行存在两个问题。第一个问题是国债发行只有一个发行人,因此国债发行的定价机制市场化程度不足。更为致命的问题是一段时间后新的50年期国债发行时的申购人还是找不到当时具有50年期的基准利率作为参考的。同样地，即使将最长期限的国债延长至100年，也仅仅是一个量变。量变之后一段时间后新的100年期国债发行时的申购人还是找不到当时具有100年期的基准利率作为参考的，原先的问题又重现了。要解决这个问题，就需要质变。如果基准利率机制能够发现无穷期限利率，那所有的利率发现机制中的发行环节就都有可以参考的基准利率。

对任意非标准期限利率的锁定也十分重要。所谓非标准期限，是指现有基准利率机制所不能直接锁定的利率的期限。例如，现有的基准利率机制往往能够锁定3个月、6个月的利率，但却不能实现4个月、5个月的利率锁定。而实际经济活动中需要的融资期限则完全可能为任何期限。这一点从中国体量巨大的固定期限银行理财产品就可以看出。银行理财产品很好地匹配了企业融资在期限上的具体需求。而这些需求并不能够很好地通过基准利率机制体现到基准利率水平中去。缺乏利率锁定功能的基准利率机制可参与性低，将极大地降低基准利率发现的真实性、准确性，进而将降低基准利率机制的可参考性，从而导致基准利率机制呈现出恶性循环，最终可能使基准利率机制完全脱离经济中真实的货币资本的供求，沦为少数参与者自娱自乐的工具。伦敦银行间同业拆借利率操纵丑闻就是一个警钟。

本书所研究的基于连续永续债券的新型基准利率市场机制，正是建立在前面分析的研究背景之上的。从基准利率市场机制的发展趋势及基准利率机制的分类情况，结合利率期限结构问题的现有成果，可以初步判断基于连续永续债券的新型基准利率市场机制是符合发展规律的能够解决当前基准利率机制不可逾越的期限有限和期限离散问题的值得研究与发展的方向。通过对货币和支付形态的发展规律及对利率承载标的发展规律的分析,可以判断研究基于连续永续债券的新型基准利率市场机制是基本可行的。

3.6 利率市场基准化理论

利率市场是承载利率期限结构对接资金供给方和资金需求方的市场化的金融机制。利率市场的核心功能是按照市场利率期限结构实现资金的跨期配置。而市场利率期限结构则是由资金的供给和资金的需求共同作用而形成的。

由于利率市场是承载利率期限结构对接资金供给方和资金需求方的市场化的金融机制,所以,一方面,利率市场的市场利率期限结构是伴随着利率市场跨期配置资金的过程而形成的;另一方面,利率市场的市场利率期限结构又是影响利率市场参与者决策的重要信息并最终会影响利率市场跨期配置资金的过程,并使利率市场的市场利率期限结构作为一种市场利率信号进一步传导至经济的各个部分。因此,利率市场所承载的利率期限结构体现的是去除了个体特异性因素的市场总体的资金供求信息,而去除了个体特异性因素的市场利率是非常理想的基准利率。

去除了个体特异性因素的参与利率市场的投资者根据对现金流时间分布等的偏好选择恰当的利率市场标的并根据对投资预期收益率曲线的要求通过个体正演得到其可以接受的该利率市场标的的价格边界后通过限价指令参与利率市场。所有参与利率市场的投资者的未成交限价指令通过限价指令簿汇聚并形成综合了每个投资者偏好和预期的利率市场标的的一组价格边界。

与去除了个体特异性因素的参与利率市场的投资者类似,参与利率市场的融资者根据对现金流时间分布等的需求选择恰当的利率市场标的并根据可承受的利率期限结构通过个体正演得到其可以接受的该利率市场标的的价格边界后通过限价指令参与利率市场。所有参与利率市场的融资者的未成交限价指令通过限价指令簿汇聚并形成综合了每个融资者需求和承受力的利率市场的标的另一组价格边界。

利率市场标的两组价格边界的形成完成了利率市场通过对接资金供给方和资金需求方汇总综合资金供求信息形成具有市场代表性的市场利率期限结构的特殊功能。当然,由利率市场所形成的市场利率期限结构仍然需要从利率市场标的价格通过利率市场反演来解码。

所有成交的利率市场交易都内嵌了形成该交易标的价格的利率期限结构。而成交的利率市场标的的价格一定介于利率市场标的的两组价格边界之间。因此,所有成交的利率市场交易都内嵌了利率市场的利率信号。因此,利率市场的市场利率是非常理想的基准利率。

对于利率市场而言,最主要的个体特异性因素就是个体的信用风险,即不能按照利率市场标的合约约定的现金流形式支付现金的风险。因此,去除利率市场中的个体特异性因素的主要任务就是信用风险的基准化。利用信用互换市场可以实现利率市场参与者信用风险基准化的工作。

本书称利用信用基准化实现利率市场承载基准利率市场功能的理论为利率市场基准化理论。加入了信用互换市场的利率市场就具备了基准利率市场的属性。在信用互换市场辅助下完成了信用风险基准化的利率市场就构成了本书所研究的新型基准利率市场机制的市场主体。而利率市场基本化理论要阐述的核心课题就是信用风险基准化过程如何实现利率市场的基准化。

基准利率市场机制的信用风险基准化流程逻辑上具有两个重要的时间节点，即期初和期末。所谓信用风险基准化流程的期初，是指融资者购买信用互换获得基准信用风险融资额度并实现融资的时间。所谓信用风险基准化流程的期末，是指融资到期融资者还款或违约的时间。此外，信用风险基准化流程之外还有所谓展期期末，即融资者在融资到期违约之后与信用互换对手按照展期协议展期还款的时间。对于融资具有复杂现金流形式的情形，信用风险基准化流程的期初和期末及信用风险基准化流程外的展期可能会多次出现，这并不影响逻辑上区分和分析不同时间节点。

基准利率市场机制具有三类市场参与者，分别是融资者、利率投资者和信用投资者。融资者是具有个体特异性信用风险因素的希望通过基准利率市场机制实现货币资本借用的市场参与者。利率投资者是基准利率投资者的简称，是拥有货币资本并希望参与基准利率市场机制以获得基准利率水平货币资本收益的市场参与者。信用投资者是信用风险投资者的简称，是拥有货币资本并希望参与基准利率市场机制以获得信用风险收益的市场参与者。其中，利率投资者和信用投资者可以是同一投资者，也可以是分别独立的投资者。

基准利率市场机制具有两个主要市场,即基准利率市场和信用互换市场。基准利率市场是交易具有基准信用分析水平的利率市场标的的利率市场。信用互换市场是交易信用违约互换合约的信用风险衍生品市场。基准利率市场机制内的两个市场中,基准利率市场的功能主要是实现更好的货币资本的跨期分配问题,而信用互换市场的功能主要是实现更好的信用风险的分配问题。在这样的设计下,基准利率市场承载了基准利率市场机制的宏观信息的汇聚和传导功能,是利率市场风险管理的渠道,而信用互换市场专注于个体风险的交易,是信用风险管理的渠道。

对于一般的信用风险基准化流程,期初是投资者投入资金到基准利率市场机制的两个市场以完成融资者融资资金需求的过程。在这个过程中,利率投资者的资金通过基准利率市场将根据基准利率期限结构分配给相应的具有了基准化信用的有资金融资需求的融资者。融资者实现信用基准化的途径则是在信用互换市场购买一定额度的信用违约互换产品。当然,信用互换市场中的信用投资者会甄选融资者的信用风险并根据每个融资者的个体特异性信用风险水平形成具有针对性的信用违约互换价格。信用风险基准化流程期初情形示意图如图3-1所示。

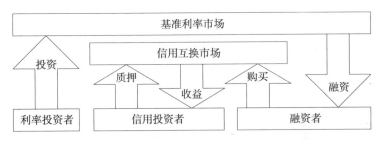

图3-1 信用风险基准化流程期初情形示意图

　　图 3-1 中具有五个主要的资金流动,分别是利率投资者的投资资金流出、信用投资者的质押资金流出、融资者购买信用违约互换的购买资金流出、信用投资者出售信用违约互换的收益资金流入、融资者获得融资的融资资金流入。

　　对于一般的信用风险基准化流程,期末是融资者融资到期应当还款的过程。这个过程可能出现两种不同的情形,即无违约和违约两种情形。考虑信用风险基准化流程期末无违约的情形。首先融资者到期还款,然后利率投资者获得基准利率投资收益,最后确认无违约后信用互换市场返还信用投资者质押的资金。信用风险基准化流程期末无违约情形示意图如图 3-2 所示。

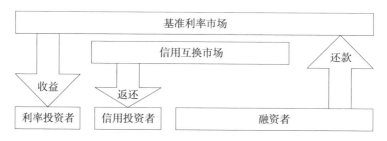

图 3-2 信用风险基准化流程期末无违约情形示意图

　　图 3-2 中具有三个主要的资金流动,分别是融资者融资到期按照合约支出的还款资金流出、利率投资者投资到期获得的收益资金流入、信用投资者在无违约条件下收到相应的质押资金的返还资金流入。

　　考虑信用风险基准化流程期末违约的情形。首先融资者到期还款违约未能还款,然后信用互换市场利用质押资金代位还款,最

地分为两个主要时间节点,即期初和期末。所谓新型基准利率市场机制合成非基准化信贷流程的期初是指投资者透过基准利率市场和信用互换市场交易组合向融资者提供融资资金使融资者实现融资的时间。所谓新型基准利率市场机制合成非基准化信贷流程的期末,是指融资到期融资者还款或违约的时间。此外,新型基准利率市场机制合成非基准化信贷流程之外还有所谓展期期末,即融资者在融资到期违约之后与信用互换对手按照展期协议展期还款的时间。

对于新型基准利率市场机制合成非基准化信贷流程,期初是投资者投入资金到基准利率市场机制的两个市场以完成融资者融资资金需求的过程。在这个过程中,投资者具有三种身份:投资者首先作为融资者获得用于质押的资金,然后投资者以利率投资者的身份将用于投资的资金通过基准利率市场分配给相应的具有了基准化信用的有资金融资需求的融资者。与此同时,投资者以信用投资者的身份向融资者出售实现信用基准化的信用违约互换产品。合成非基准化信贷流程期初情形示意图如图3-5所示。

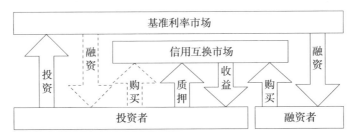

图3-5 新型基准利率市场机制合成非基准化信贷流程期初情形示意图

图 3-5 中具有的资金流动较多,为了便于分辨,将这些资金流动分为两组,第一组是融资者及投资者作为利率投资者和信用投资者所产生的资金流动;第二组是投资者作为融资者所产生的资金流动。第一组资金流动还原了信用风险基准化流程期初情形中的五个主要的资金流动。但只考虑第一组的情况下投资者在期初的投入由于质押的存在并不符合现有非基准化的债券市场的投资时资金流动情形。因此,投资者需要依靠第二组资金流动对冲掉质押资金流动带来的影响。

合成非基准化信贷流程期初情形中,考虑的是一个基础的逻辑框架。这个基础的逻辑框架可以看作合成了零息债券市场的情形。从融资者方面看,其期初收到的融资资金流入可以对应于基准信用风险发行人发行零息债券的价格,而其期初支付的购买信用违约互换的购买资金流出对应于融资者发行零息债券折价超出基准信用风险发行人发行零息债券折价的差额。从投资者方面看,投资资金流出和出售信用违约互换的收益资金流入的净资金流出应当对应于融资者发行零息债券的价格。其中,投资者的投资资金流出和融资者的融资资金流入完全对应,而融资者的信用违约互换的购买资金流出和投资者的信用违约互换的收益资金流入完全对应。

作为基础的逻辑框架,不妨假设信用互换市场自动将质押资金购买相应融资者所融资的标的。这样质押资金的流量就和期初融资者的融资资金流量完全匹配。当然这样质押资金的流量也和期初投资者投资资金的流量完全匹配。此外,当期末的时候,质押资金所购买的标的也到期,从而获得和无违约情形下融资者的还款资金流量匹配的资金流量。这样当融资者期末违约时质押资金所购买的标的到期所获得的到期资金正好可以用于代位还款。

在这样的逻辑框架下,投资者在期初就可以通过融资资金流入对冲掉质押资金流出。这样,投资者在期初的投资资金流出、质押资金流出、融资资金流入均具有相同的流量,从而加总后成为一份对应基准信用风险发行人发行零息债券的价格的流量。这时再分析投资者购买用于自身融资的信用违约互换的购买资金流出及投资者出售融资者用于融资的信用违约互换的收益资金流入,得到了净资金流入对应于投资者发行零息债券相比融资者发行零息债券少折价的部分。

如果投资者是如商业银行等金融机构这样具有较好信用的主体,同时融资者是如企业或个人这样的信用风险不被广泛接受的主体,则新型基准利率市场机制合成非基准化信贷就实现了商业银行贷款的功能。如果融资者是如商业银行等金融机构这样具有较好信用的主体,同时投资者是如企业或个人这样的信用风险不被广泛接受的主体,则新型基准利率市场机制合成非基准化信贷就实现了商业银行存款的功能。因此,新型基准利率市场机制可以实现现有商业银行体系的信贷业务全部功能。

对于新型基准利率市场机制合成非基准化信贷流程,期末是融资者融资到期应当还款的过程。这个过程可能出现两种不同的情形,即无违约和违约两种情形。考虑新型基准利率市场机制合成非基准化信贷流程期末无违约的情形。首先融资者到期还款,然后投资者获得基准利率投资收益并还款,最后确认无违约后信用互换市场返还投资者质押的资金。新型基准利率市场机制合成非基准化信贷流程期末无违约情形示意图如图3-6所示。

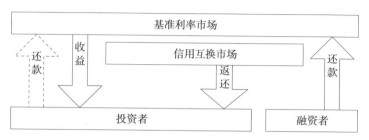

图3-6　新型基准利率市场机制合成非基准化信贷流程期末无违约情形示意图

图3-6中具有的资金流动依然分为两组,第一组是融资者及投资者作为利率投资者和信用投资者所产生的资金流动;第二组是投资者作为融资者所产生的资金流动。第一组资金流动还原了信用风险基准化流程期末无违约情形中的三个主要的资金流动。从投资者的角度分析,投资收益资金流入、质押返还资金流入、到期还款资金流出总和为投资收益资金流入。这符合非基准化信贷投资期末无违约的情形,说明新型基准利率市场机制合成成功。

考虑新型基准利率市场机制合成非基准化信贷流程期末违约的情形。首先融资者到期违约,信用互换市场利用质押代位还款,然后投资者获得基准利率投资收益并还款。新型基准利率市场机制合成非基准化信贷流程期末违约情形示意图如图3-7所示。

图3-7　新型基准利率市场机制合成非基准化信贷流程期末违约情形示意图

图3-7中具有的资金流动依然分为两组,第一组是融资者及投资者作为利率投资者和信用投资者所产生的资金流动;第二组是投资者作为融资者所产生的资金流动。第一组资金流动还原了信用风险基准化流程期末违约情形中的两个主要的资金流动。从投资者的角度分析,投资收益资金流入和到期还款资金流出相互抵消,投资者遭受损失。这符合非基准化信贷投资期末违约的情形,说明新型基准利率市场机制合成成功。

新型基准利率市场机制中的信用互换市场事实上可以是多层次的以融资额度管理为核心的分布式的市场结构。为了提高信用互换市场的运行效率,可以在质押的基础上引入抵押机制,从而减少之前分析的合成非基准化信贷中对基准利率市场带来的双倍融资需求问题。抵押机制将允许购买特定利率市场标的的投资者以已经购买的标的作为抵押出售与已购标的匹配的信用违约互换。这样就使得投资者无须在期初参与额外的融资以对冲质押资金流出,而只需提前准备一笔流动资金用于质押,而在投资初步完成时将购得的基准利率市场标的抵押以提前返还质押资金,从而可以再次使用该笔流动资金参与其他交易。

新型基准利率市场机制中信用风险水平不超过基准信用风险水平主体参与新型基准利率市场机制在信用额度总量控制的前提下，享有两个特殊权利。第一，在信用额度内融资无须购买信用违约互换。第二，在信用额度内出售将任何低于基准信用水平的主体的信用互换为基准信用水平的信用违约互换无须质押资金或抵押资产。

最适合作为基准信用风险水平的信用应当是货币当局信用，即中央银行信用。因为，信用货币时代的货币本身也是一种有价证券，而其信用水平正是货币当局信用。所以，驱动基准的货币资本的价格的市场标的的信用水平应当与货币信用相当，即应为货币当局信用。

利率市场基准化利率上实现了传统信贷投资者利率投资者和信用投资者双重身份的分离，使得利率市场可以更为纯粹的实现基准利率市场机制在基准利率发现和货币资金跨期配置的功能，使得具有个体特异性特征的信用风险通过信用互换市场进行。这样的架构不仅具有间接金融直接化的理论贡献，也具有信用规模管理扁平化的实践意义，对未来市场基准利率的客观性和货币政策的精确性都有巨大提升。

第4章 连续永续债券的提出与设计

基于连续永续债券构建新型基准利率市场机制，一个核心目标就是将连续永续债券所特有的连续、永续特征引入基准利率市场机制中，从而解决现有基准利率市场机制框架下不可逾越的利率期限有限和利率期限离散两大难题。

连续永续债券虽然先天具有连续、永续这两个现有基准利率交易标的所不具备的关键特征，但要使得连续永续债券的市场能够承载基准利率市场机制所需的利率发现、利率锁定功能，使得连续永续债券的连续、永续特征能够真正解决现有基准利率市场机制框架下不可逾越的利率期限有限和利率期限离散问题，仍然需要对作为基准利率交易标的的连续永续债券进行精巧的设计。

虽然研究中已经涉及了具有连续、永续特征的金融工具，甚至现有的实践中已经存在永续债券，但由于没有设计出能够实现利率发现、利率锁定功能的可交易标的的具体合约，连续、永续特征一直未能被引入现有基准利率市场机制框架中，以解决利率期限有限和利率期限离散的问题。

本章在现有研究的基础上进行创新性的整合和开拓性的扩

展，从利率发现和利率锁定这两个核心功能入手，分四个层次分析和设计可作为新型基准利率市场机制下基准利率交易标的的连续永续债券的合约族。

本章4.1节对应第一个层次的分析和设计。第一个层次主要完成连续永续债券基础合约设计、现金流形式分析和功能分析。对基础合约的分析发现，仅交易基础合约下的连续永续债券在利率发现和利率锁定这两个功能上都十分局限。

本章4.2节对应第二个层次的分析和设计。第二个层次针对第一个层次的局限性，对基础合约进行了一个维度的扩展，形成了递延合约。对递延合约的分析发现，交易递延合约下的连续永续债券可以很好地完成利率发现功能，且突破性地在利率发现功能中实现完整且连续的利率期限结构发现。尽管如此，递延合约在利率锁定功能上仍然存在局限性。

本章4.3节对应第三个层次的分析和设计。第三个层次针对第二个层次的局限性，对递延合约进行了又一个维度的扩展，形成了双延合约。对双延合约的分析发现，交易双延合约下的连续永续债券可以很好地完成利率锁定功能，且突破性地将可锁定利率的期限扩展至交易时点开始任意期限的即期利率和远期利率。

本章4.4节对应第四个层次的分析和设计。第四个层次基于前三个层次的分析设计成果，分析并设计了满足基准利率市场常见需求的组合合约。对组合合约的分析发现，通过将连续永续债券按照特定的搭配组合成为组合合约，可以合成出绝大部分现有固定收益产品的现金流形式，从而实现对现有利率市场的完美替代，以便基于连续永续债券的新型基准利率市场向现有利率市场的平稳过渡。

通过本章的合约族设计,本书构建了新型基准利率市场的交易标的,解决了基于连续永续债券的新型基准利率市场机制的核心问题。不仅如此,合约族设计过程中的分析结果表明,基于连续永续债券的新型基准利率市场机制能够在保证实现现有基准利率市场机制功能的基础上克服基准利率期限有限和期限离散问题,也就是基准收益率曲线期限长度有限和期限不连续两大难题,说明连续永续债券合约族的设计使得连续永续债券的引入具有可行性,并可能在不远的未来获得实际应用,从而将基准利率市场机制的实践推上新的高度。

4.1 基础合约设计

连续永续债券是在现有的永续债券的基础上创新发展出来的。永续债券是一种持续付息永不到期的债券。永续债券的投资者,也就是永续债券的多头持有人,在某个永续债券发行时购买该永续债券,需要在成交时点支付现金,从而获得之后永不到期的每隔特定时间就可以收到特定现金收入的权利。决策是否购买永续债券,往往需要综合考虑永续债券多头头寸所产生的全部现金流。现金流图是形象化呈现和分析某一金融工具头寸现金流的工具。永续债券多头头寸所对应的现金流形式用现金流图表示,如图4-1所示。

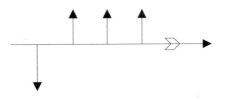

图 4-1　永续债券多头头寸现金流图

图 4-1 中水平轴表示时间轴，时间在时间轴上从左向右推进，最左侧的最先发生。时间轴上带有箭头的垂直线段代表现金流冲击。现金流冲击是瞬时完成一定数量的现金转移的现金流，也可称为离散现金流。箭头向上表示收入现金流，箭头向下表示支出现金流。现金流图用带有箭头的垂直线段的长度代表离散现金流的金额，也就是瞬时现金流冲击的流量。由于传统现金流图的时间轴长度有限，因此对于永续现金流，需要使用省略表示。时间轴上的燕尾形标识示意现金流将按照之前的形式重复直到永远。图 4-1 示意了永续债券多头头寸所对应的现金流是由一次离散现金流流出和之后每个固定间隔的等额的离散现金流流入构成的。

永续债券的融资者，也就是永续债券的发行人或空头持有人，在某个永续债券发行时发行或做空该永续债券，可以在成交时点收入现金，因而承担之后永不到期的每隔特定时间就支出特定现金的义务。决策是否发行或做空永续债券，往往需要综合考虑永续债券空头头寸所产生的全部现金流。永续债券空头头寸所对应的现金流形式与永续债券多头头寸所对应的现金流形式正好相反，用现金流图表示，如图 4-2 所示。

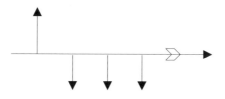

图 4-2 永续债券空头头寸现金流图

从金融功能的观点看，未嵌入衍生品的固定收益证券，其现金流形式决定了其功能，而其功能决定了其用途。从永续债券的现金流形式分析，永续债券合约需要明确约定永续债券现金流的两个重要属性，一是该永续债券永续出现的现金流的每次现金冲击流量和与之方向相反的单次出现现金冲击流量的比率；二是该永续债券永续出现的现金流的每次现金流冲击的间隔时长。只要在永续债券合约中确定了上述这两个属性，该永续债券的内部收益、久期、凸性等和利率相关的属性就得到了确定。

如果市场预期利率不随期限的改变而改变，即市场预期收益率曲线在收益率期限坐标系下呈现出一条水平射线的形式，那么市场上交易的永续债券的内部收益率水平就应当等于市场所预期的适用于所有期限的利率水平，也就是市场预期收益率曲线的截距。这说明，在市场预期利率不随期限的改变而改变，即市场预期收益率曲线在收益率期限坐标系下呈现出一条水平射线的形式的假设下，永续债券市场具有利率发现功能。从市场上交易的永续债券的合约属性可以推算出市场上交易的永续债券的内部收益率，即市场预期利率。由于市场预期收益率曲线在收益率期限坐标系下呈现出一条水平射线的形式，因此由市场上交易的永续债券的内部收益率可以发现的市场预期的利率期限结构的期限是无限的。

永续债券可以解决当前基准利率市场机制下不可逾越的期限有限的问题。从实践上来看，包括我国在内的许多国家和地区都发行过永续债券，并且有许多永续债券仍然处于存续状态。而解决当前基准利率市场机制下不可逾越的期限离散的问题则需要引入连续这一特征。

连续永续债券是在永续债券基础上进行的扩展，一方面继承了永续债券的永续这一特征；另一方面引入连续这一特征。连续永续债券的永续就是永不到期，这个特征与前文所分析的永续债券相同。连续永续债券的连续就是现金流连续，这个特征是不同于前文所分析的永续债券的。

连续永续债券从概念上就是将永续债券的离散永续现金流改进为连续永续现金流。连续永续现金流就是永续的连续现金流。连续现金流和离散现金流有本质区别。离散现金流由离散的现金流冲击构成，只有在现金流冲击时刻会产生现金流流量。连续现金流则是连续不断产生现金流流量的现金流，在任何时点都存在现金流速但现金流流量需要通过在时段上积累完成。从数学模型上看，连续现金流可以被看作离散现金流的现金流冲击间隔时长不断缩短而趋于无穷小的极限状态，是一种离散现金流通过逼近这一量变而最终形成的质变。

虽然学术界的研究中已经涉及了具有连续和永续特征的金融工具，甚至现有的实践中已经存在永续债券，但由于没有设计出能够实现利率发现和利率锁定功能的可交易标的的具体合约，连续和永续特征一直未能被引入现有基准利率市场机制框架中以解决利率期限有限、利率期限离散的问题。

连续永续债券的最原始形式可以看作直接对永续债券进行连续化改造后得到的。本书称约定出这种具有最原始形式的连续永续债券的合约为连续永续债券的基础合约,称这种具有最原始形式的连续永续债券为基础合约下的连续永续债券。

永续债券合约需要明确约定永续债券现金流的两个重要属性,一是该永续债券永续出现的现金流的每次现金冲击流量和与之方向相反的单次出现现金冲击流量的比率;二是该永续债券永续出现的现金流的每次现金流冲击的间隔时长。由于连续永续债券的最原始形式,即基础合约下的连续永续债券,可以看作直接对永续债券进行连续化改造后得到的,因此连续永续债券的基础合约所需要明确约定的属性也需要进行相应的改造。

由于连续永续债券在永续债券的基础上进行了永续现金流的连续化,而连续现金流是连续不断产生现金流流量的现金流,因此连续永续债券的基础合约并不需要像永续债券合约那样约定永续现金流的每次现金流冲击的间隔时长。此外,由于连续现金流是通过现金流流速来衡量而非离散现金流所采用的单次现金流冲击的现金流流量,因此永续债券合约所需要约定的永续债券永续出现的现金流的每次现金冲击流量和与之方向相反的单次出现现金冲击流量的比率这一属性也要相应进行调整,成为连续永续债券的基础合约所需要约定的永续出现的连续现金流流速和与之方向相反的单次出现现金冲击流量的比率。

值得注意的是,连续永续债券的基础合约只需约定一个属性就包含了永续债券合约两个属性的内容。此外,连续永续债券的基础合约所需约定的永续出现的连续现金流流速和与之方向相反的单次出现现金冲击流量的比率的量纲正好是永续债券合约所需约定的两个属性之比的量纲,即永续债券永续出现的现金流的每次现金冲击流量和与之方向相反的单次出现现金冲击流量的比率与该永续债券永续出现的现金流的每次现金流冲击的间隔时长的比的量纲。

　　基础合约下的连续永续债券,是一种连续付息永不到期的债券。基础合约下的连续永续债券的投资者,也就是基础合约下的连续永续债券的多头持有人,购买该基础合约下的连续永续债券,需要在成交时点支付现金,从而获得之后具有合约所约定的固定现金流流速且永不到期的连续永续现金流收入的权利。决策是否购买基础合约下的连续永续债券,往往需要综合考虑基础合约下的连续永续债券多头头寸所产生的全部现金流。现金流图是形象化呈现和分析某一金融工具头寸现金流的工具。基础合约下的连续永续债券多头头寸所对应的现金流形式用现金流图表示,如图4-3所示。

图4-3　基础合约连续永续债券多头现金流图

　　与之前分析永续债券现金流所使用的现金流图相同,图4-3中水平轴表示时间轴,时间在时间轴上从左向右推进,最左侧的最先发生。时间轴上带有箭头的垂直线段代表现金流冲击。现金流冲击是瞬时完成一定数量的现金转移的现金流,也可称为离散现金流。箭头向上表示收入现金流,箭头向下表示支出现金流。现金流图用带有箭头的垂直线段的长度代表离散现金流的金额,也就是瞬时现金流冲击的流量。由于传统现金流图的时间轴长度有限,因此对于永续现金流,需要使用省略表示。时间轴上的燕尾形标识示意现金流将按照之前的形式重复直到永远。

与之前分析永续债券现金流所使用的现金流图不同,图 4-3 中用矩形区域表示连续现金流。位于时间轴上方的矩形区域表示现金流流入,位于时间轴下方的矩形区域表示现金流支出。矩形区域的高度表示连续现金流流速,越高所表示的流速越大。矩形区域的水平位置表示连续现金流发生的时间,相应的矩形区域的跨度表示连续现金流持续的时长。由于现金流图的时间轴长度有限,因此对于连续永续现金流,需要使用省略表示,使用右端开放的空心矩形区域表示。

为了更为准确地呈现某一金融工具的现金流形式,现金流图上可以选择性地标注离散现金流各现金流冲击的现金流流量和连续现金流的现金流流速。图 4-3 中的"1"标注了该基础合约下的连续永续债券成交时点需要支付的现金流冲击的流量为 1 元。图 4-3 的"p"标注了该基础合约下的连续永续债券成交时点之后所能产生的流入的连续永续现金流的现金流流速为 p 元/年。由此不难看出,图 4-3 所呈现的基础合约下的连续永续债券所约定的价格,即该永续出现的连续现金流流速和与之方向相反的单次出现现金冲击流量的比率,为 $p×100\%/$ 年。

　　基础合约下的连续永续债券的融资者,也就是基础合约下的连续永续债券的发行人或空头持有人,在发行基础合约下的连续永续债券发行时发行或做空基础合约下的连续永续债券,可以在成交时点收入现金,从而承担之后具有合约所约定的固定现金流流速且永不到期的连续永续现金流支出的义务。决策是否发行或做空基础合约下的连续永续债券,往往需要综合考虑基础合约下的连续永续债券空头头寸所产生的全部现金流。基础合约下的连续永续债券空头头寸所对应的现金流形式与基础合约下的连续永续债券多头头寸所对应的现金流形式正好相反,用现金流图表示,如图4-4所示。

图4-4　基础合约连续永续债券空头现金流图

　　与永续债券相比,基础合约下的连续永续债券,在二级市场交易中更具一致性,不会出现离散现金流付息债券及离散现金流永续债券在二级市场交易时所出现的需要根据交易时间相应的处理应计利息的问题。离散现金流付息债券及离散现金流永续债券需要处理应计利息的问题,其原因是离散的付息现金流冲击导致离散现金流付息债券及离散现金流永续债券在发行之后交易,成交时点到首次付息现金流冲击的时长可能与每次付息现金流冲击的间隔时长不同,从而出现即便市场预期利率恒定的条件下,离散现金流付息债券及离散现金流永续债券在二级市场的交易价格仍然需要在付息时点出现跳跃,从而形成锯齿状的价格轨迹。为了剥离由于离散付息现金流冲击对价格形成的锯齿效应,需要计算应计利息用于修正原始交易价格(即全价)以形成去锯齿的净价。

由于基础合约下的连续永续债券的付息现金流为连续现金流,而连续现金流不同于离散现金流,在任何时点的现金流流量均为零,因此基础合约下的连续永续债券的应计利息为零,也就是说基础合约下的连续永续债券在发行之后进行二级市场交易形成的交易价格,即全价,永远等于净价,不存在锯齿效应。上述规律从离散现金流通过量变到质变为连续现金流的逻辑也能够得到证明。连续现金流从概念上可以用间隔时长趋于无穷小的离散现金流的极限所表示。这意味着如果将连续现金流看成离散现金流的极限,那么任何交易时点距离上一次付息的时间长度就是无穷小。所以应计利息也是无穷小,其极限为零。

尽管基础合约下的连续永续债券一方面继承了永续债券的特征已经开始初步具有利率发现的功能;另一方面解决了永续债券净价全价不一致的问题,但由于基础合约下的连续永续债券仅约定成交之后永续出现的连续现金流流速和与之方向相反的成交时点发生的现金冲击流量的比率这一个属性,因此基础合约下的连续永续债券无论是首次发行交易还是在二级市场交易,只能提供一个一维的价格信息。从信息论的角度,一维的信息在无任何额外假设条件的情况下无法复原出市场预期收益率曲线这样一条二维的曲线所包含的信息。

事实上,基础合约下的连续永续债券与永续债券一样,其市场价格可以确定其内部收益率水平,而这样一个水平其实给出了市场预期收益率曲线的平均水平。因此,基础合约下的连续永续债券是存在基础的利率发现功能的,但是由于只能确定平均市场预期利率水平而不能确定市场预期收益率曲线的形状,其在利率发现功能上存在局限性。

本节对应第一个层次的分析和设计。第一个层次主要完成连续永续债券基础合约设计、现金流形式分析和功能分析。对基础合约的分析发现,仅交易基础合约下的连续永续债券在利率发现和利率锁定这两个功能上都十分局限。

4.2 递延合约设计

根据经典金融理论,任何无衍生品嵌入的固定收益证券都可以分解并表示成为一个零息债券组合,即一组不同期限的零息债券的加权和。连续永续债券,无论具有什么样的合约形式,由于连续现金流的存在,分解成零息债券组合后都需要一组期限连续变化的零息债券来合成。因此,不同于一般的债券,连续永续债券不再是零散的若干个零息债券的加权和,连续永续债券所对应的零息债券组合呈现一种具有系统性的特征。不仅如此,连续永续债券所对应的零息债券组合中所包含的零息债券的数量是连续无穷个,即数量与全体实数的数量相等。这些特征从数学上来看,反映出连续永续债券和零息债券是一种积分变换的关系,即连续永续债券是零息债券合约族进行某种积分变换的产物。

利用积分变换的观念分析可以帮助扩展连续永续债券的基础合约,使得新合约更好地完成连续永续债券交易中的利率发现的功能。零息债券承载利率期限结构信息是靠不同期限的零息债券对应不同期限的利率水平。因此,零息债券在期限域承载了利率期限结构信号。那么,基础合约下的连续永续债券所对应的积分变换的核函数显然缺乏参数,导致基础合约下的连续永续债券所对应的积分变换将期限域上的一维曲线信号压缩成了基础合约下的连续永续债券域上的零维单点信号。

根据这一特点,从信息论的角度,基础合约下的连续永续债券是一个非常好的起点。利用连续永续债券是零息债券的一种积分变换,只要对积分变换的核函数进行参数扩展就可以使变换域的维度增加,从而获得变换域上连续永续债券的价格曲线甚至价格曲面,进而获得足够的信息实现利率发现功能以反演市场预期收益率曲线。

对积分变换的核函数进行参数扩展实质等效于对连续永续债券的合约进行可变参数属性的扩展。基础合约下的连续永续债券基础上可以扩展的可变参数属性首先就是递延付息现金流的递延期限。通过引入递延期限这一可变参数属性,基础合约就被扩展成为递延合约。

递延合约下的连续永续债券在成交时并不立即开始票息连续现金流,而是等待完成一个递延期限后才开始票息连续现金流。递延合约下的连续永续债券的投资者,也就是递延合约下的连续永续债券的多头持有人,在某个递延合约下的连续永续债券发行时购买该递延合约下的连续永续债券,需要在成交时点支付现金,从而获得递延期限期满之后具有合约所约定的固定现金流流速且永不到期的连续永续现金流收入的权利。决策是否购买递延合约下的连续永续债券,往往需要综合考虑递延合约下的连续永续债券多头头寸所产生的全部现金流。现金流图是形象化呈现和分析某一金融工具头寸现金流的工具。递延合约下的连续永续债券多头头寸所对应的现金流形式用现金流图表示,如图4-5所示。

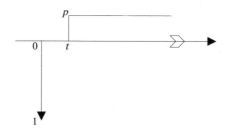

图4-5 递延合约连续永续债券多头现金流图

与之前分析基础合约下的连续永续债券现金流所使用的现金流图相同,图4-5中水平轴表示时间轴,时间在时间轴上从左向右推进,最左侧的最先发生。时间轴上带有箭头的垂直线段代表现金流冲击。现金流冲击是瞬时完成一定数量的现金转移的现金流,也可称为离散现金流。箭头向上表示收入现金流,箭头向下表示支出现金流。由于现金流图的时间轴长度有限,因此对于永续现金流,需要使用省略表示。时间轴上的燕尾形标识示意现金流将按照之前的形式重复直到永远。图4-5中用矩形区域表示连续现金流。位于时间轴上方的矩形区域表示现金流流入,位于时间轴下方的矩形区域表示现金流支出。矩形区域的高度表示连续现金流流速,越高所表示的流速越大。矩形区域的水平位置表示连续现金流发生的时间,相应的矩形区域的跨度表示连续现金流持续的时长。对于连续永续现金流,使用右端开放的矩形区域表示。图4-5中的"p"即为该基础合约下的连续永续债券所约定的成交之后永续出现的连续现金流流速和成交时点现金冲击流量的比率,其单位是"100%/年"。

与之前分析基础合约下的连续永续债券现金流所使用的现金流图不同,图中的"0"和"t"分别标注了成交时点和开始连续永续现金流的时点,它们的单位均为"年"。为了简化分析,本书在没有特别说明的情况下使用"0年"时点表示成交时点。这样,可以看出,递延合约下的连续永续债券的递延期"t年"和递延结束时点或连续现金流开始时点均可以简单表示为"t年"。这样的设计本质上是采用了相对时间坐标,从而极大地简化了时间点和时间长度表示上可能的不必要的复杂性。

递延合约下的连续永续债券的融资者,也就是递延合约下的连续永续债券的发行人或空头持有人,在发行递延合约下的连续永续债券发行时发行或做空递延合约下的连续永续债券,可以在成交时点收入现金,从而承担递延期限期满之后按照合约所约定的固定现金流流速永不到期的支出连续永续现金流的义务。决策是否发行或做空递延合约下的连续永续债券,往往需要综合考虑递延合约下的连续永续债券空头头寸所产生的全部现金流。递延合约下的连续永续债券空头头寸所对应的现金流形式与递延合约下的连续永续债券多头头寸所对应的现金流形式正好相反,用现金流图表示,如图4-6所示。

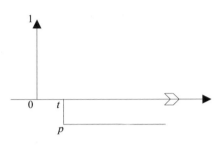

图4-6　递延合约连续永续债券空头现金流图

递延合约下的连续永续债券包含了基础合约下的连续永续债券,即基础合约下的连续永续债券是递延合约下的连续永续债券的真子集。递延期限为0年的递延合约下的连续永续债券将退化为基础合约下的连续永续债券。也就是说,基础合约下的连续永续债券是递延期限为0年的递延合约形式的连续永续债券的一个特例。

交易递延合约下的连续永续债券可以很好地完成利率发现功能,且突破性地在利率发现功能中实现完整且连续的利率期限结构发现。从信息论的角度,递延合约下的连续永续债券的价格曲线信息将可以反演,也就是还原出市场收益率曲线信息。

要实现利率锁定功能需要能够实现现金流完全匹配,因此若要能够锁定任意时点开始的任意期限的即期或远期收益率,就需要能够合成任意零息债券形式的现金流。仅靠交易递延合约下的连续永续债券,只能通过交易一对递延期限略小于和递延期限略大于所需合成零息债券期限的递延合约下的连续永续债券逼近任意期限的即期利率所需要的零息债券的现金流形式。但这一逼近并不具备可操作性。递延合约在利率锁定这个功能上仍然存在局限性。

　　本节对应第二个层次的分析和设计。第二个层次针对第一个层次的局限性，对基础合约进行了一个维度的扩展，形成了递延合约。对递延合约的分析发现，交易递延合约下的连续永续债券可以很好地完成利率发现功能，且突破性地在利率发现功能中实现完整且连续的利率期限结构发现。尽管如此，递延合约在利率锁定功能上仍然存在局限性。

4.3　双延合约设计

　　要简便的实现利率锁定功能，就需要能够简单地合成任意零息债券。连续永续债券现金流的特征具有两部分：一部分是离散现金流；一部分是连续现金流。因此，只要能够通过多空组合消去连续现金流部分，就可以方便地合成零息债券，进而实现方便的利率锁定功能。

　　双延合约下的连续永续债券是在递延合约下的连续永续债券的基础上增加延期交割。双延合约下的连续永续债券的投资者，也就是双延合约下的连续永续债券的多头持有人，在某个双延合约下的连续永续债券发行时购买该双延合约下的连续永续债券，需要在成交后延期交割期满时支付现金，从而获得递延期限期满之后具有合约所约定的固定现金流流速且永不到期的连续永续现金流收入的权利。决策是否购买双延合约下的连续永续债券,往往需要综合考虑双延合约下的连续永续债券多头头寸所产生的全部现金流。现金流图是形象化呈现和分析某一金融工具头寸现金流的工具。双延合约下的连续永续债券多头头寸所对应的现金流形式用现金流图表示,如图4-7所示。

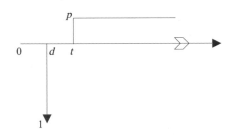

图4-7 双延合约连续永续债券多头现金流图

与之前分析递延合约下的连续永续债券现金流所使用的现金流图相同,图4-7中水平轴表示时间轴,时间在时间轴上从左向右推进,最左侧的最先发生。时间轴上带有箭头的垂直线段代表现金流冲击。现金流冲击是瞬时完成一定数量的现金转移的现金流,也可称为离散现金流。箭头向上表示收入现金流,箭头向下表示支出现金流。由于现金流图的时间轴长度有限,因此对于永续现金流,需要使用省略表示。时间轴上的燕尾形标识示意现金流将按照之前的形式重复直到永远。图4-7中用矩形区域表示连续现金流。位于时间轴上方的矩形区域表示现金流流入,位于时间轴下方的矩形区域表示现金流支出。矩形区域的高度表示连续现金流流速,越高所表示的流速越大。矩形区域的水平位置表示连续现金流发生的时间,相应的矩形区域的跨度表示连续现金流持续的时长。对于连续永续现金流,使用右端开放的矩形区域表示。图 4-7 中的"p"即为该基础合约下的连续永续债券所约定的成交之后永续出现的连续现金流流速和成交时点现金冲击流量的比率,其单位是"100%/年"。图 4-7 中的"0"和"t"分别标注了成交时点和开始连续永续现金流的时点,它们的单位均为"年"。为了简化分析,本书在没有特别说明的情况下使用"0 年"时点表示成交时点。

与之前分析递延合约下的连续永续债券现金流所使用的现金流图不同,图 4-7 中的"d"标注了交割时点即离散现金流的发生时点,单位均为"年"。一般而言,有 $d \leqslant t$ 成立,即离散现金流发生不晚于连续永续现金流开始。

双延合约下的连续永续债券的融资者,也就是双延合约下的连续永续债券的发行人或空头持有人,在发行双延合约下的连续永续债券发行时发行或做空双延合约下的连续永续债券,可以在成交后递延交割期满时收入现金,从而承担递延期限期满之后按照合约所约定的固定现金流流速永不到期的支出连续永续现金流的义务。决策是否发行或做空双延合约下的连续永续债券,往往需要综合考虑双延合约下的连续永续债券空头头寸所产生的全部现金流。双延合约下的连续永续债券空头头寸所对应的现金流形式与双延合约下的连续永续债券多头头寸所对应的现金流形式正好相反,用现金流图表示,如图 4-8 所示。

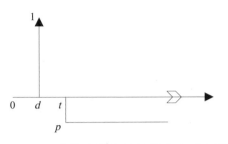

图4-8　双延合约连续永续债券空头现金流图

　　双延合约下的连续永续债券包含了递延合约下的连续永续债券，即基础合约下的连续永续债券是递延合约下的连续永续债券的真子集。递延期限为0年的双延合约下的连续永续债券将退化为基础合约下的连续永续债券。也就是说，基础合约下的连续永续债券是递延期限为0年的递延合约形式的连续永续债券的一个特例。

　　双延合约下的连续永续债券是对现有债券市场和债券期货市场的突破性整合。双延合约下的连续永续债券具有现货期货整合的属性。递延期限为0年的递延合约下的连续永续债券将退化为基础合约下的连续永续债券，是典型的现货合约。而递延期限大于0年的双延合约下的连续永续债券，由于成交时并不产生任何现金流，是典型的期货合约。

　　双延合约下的连续永续债券是对现有债券一级市场和二级市场机制的突破性整合。由于连续永续债券存在连续永续现金流，因此其价格对任何期限的利率均有不同程度的响应。所以一旦某一发行人的双延合约下的连续永续债券市场建立起来，之后新增发或做空任何参数的新的该发行人的双延合约下的连续永续债券都有完整的具有无穷期限的市场利率期限结构作为定价参考而采用二级市场的连续双边撮合的交易方式发行,不再需要单独的一级市场机制。因此,连续永续债券双延合约下的连续永续债券,提供了丰富的组合空间,可以满足基准利率市场机制所有的利率发现功能和利率锁定功能。双延合约下的连续永续债券具有价格 p、期限 t、交割 d 三个参数。其中"p"为连续永续现金流流速和离散现金流现金冲击流量的比率,其单位是"100%/年";"t"为递延期限,即成交到开始连续永续现金流的时长,其单位是"年";"d"为交割时长,即成交时点到发生离散现金流的时长,其单位是"年"。双延合约下的连续永续债券的交易市场将形成一个价格曲面。

本节对应第三个层次的分析和设计。第三个层次针对第二个层次的局限性,对递延合约进行了又一个维度的扩展,形成了双延合约。对双延合约的分析发现,交易双延合约下的连续永续债券可以很好地完成利率锁定功能,且突破性地将可锁定利率的期限扩展至交易时点开始任意期限的即期利率和远期利率。

4.4 组合合约设计

通过按照一定的比例组合交易双延合约下的连续永续债券,可以合成实现利率锁定功能的各种零息债券的现金流形式。组合合约下的连续永续债券作为预先定制的具有特定的比例关系的双延合约下的连续永续债券的组合,将成为未来基于连续永续债券的新型基准利率市场机制中利率交易的主要合约形式,为市场参与者提供便利的实现常用功能的一揽子连续永续债券交易入口。

合成零息债券现货多头现金流形式的组合合约需要一个递延合约下的连续永续债券多头和一个双延合约下的连续永续债券空头进行组合。其中,双延合约下的连续永续债券空头的价格、期限、交割三个参数分别为 p、t、d,递延合约下的连续永续债券多头的价格和期限两个参数分别为 q、t。此外,合成零息债券现货多头现金流形式的组合合约中的双延合约下的连续永续债券空头的数量必须是组合合约中的递延合约下的连续永续债券多头数量的 p/q 倍。按照这样的比例组合,组合合约中的两个连续永续现金流可以完全相互抵消,从而形成合成零息债券现货多头所需的现金流形式。合成零息债券现货多头现金流形式的组合合约下的连续永续债券所对应的现金流形式用现金流图表示,如图4-9所示。

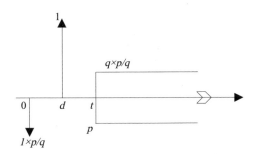

图4-9　组合合约合成零息债券多头现金流图复合图

通过分析上面的复合图,合成零息债券现货多头现金流形式的组合合约下的连续永续债券由于巧妙的组合设计,完全相互抵消了组合合约中的两个连续永续现金流,而组合后的效果等效于只有成交时点的 p/q 倍的支出离散现金流和 d 年时点的1倍的收入离散现金流。因此,简化已经抵消的两个连续永续现金流而只保留剩余的两个离散现金流所对应的现金流形式用现金流图表示，如图4-10所示。

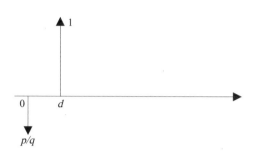

图4-10　组合合约合成零息债券多头现金流图简化图

通过分析上面的简化图，组合合约所合成的零息债券现货多头所对应的是一个期限为d年，价格为p/q倍到期面值的零息债券现货多头合约。这样的合约可以锁定成交时点开始期限为d年的即期投资利率。这是组合合约在利率锁定中的应用。相应地，如果市场交易的连续永续债券合约族按照该组合合约的组合方式组合后能够得到推算出的合成的零息债券现货多头的价格，则可以完成成交时点开始期限为d年的即期投资利率的利率发现。

合成零息债券现货空头现金流形式的组合合约需要一个递延合约下的连续永续债券空头和一个双延合约下的连续永续债券多头进行组合。其中，双延合约下的连续永续债券多头的价格、期限、交割三个参数分别为p、t和d，递延合约下的连续永续债券空头的价格和期限两个参数分别为q和t。此外，合成零息债券现货多头现金流形式的组合合约中的双延合约下的连续永续债券多头的数量必须是组合合约中递延合约下的连续永续债券空头数量的

p/q 倍。按照这样的比例组合,组合合约中的两个连续永续现金流可以完全相互抵消,从而形成合成零息债券现货空头所需的现金流形式。合成零息债券现货空头现金流形式的组合合约下的连续永续债券所对应的现金流形式用现金流图表示,如图 4-11 所示。

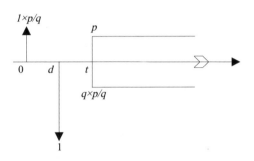

图 4-11   组合合约合成零息债券空头现金流图复合图

通过分析上面的复合图,合成零息债券现货空头现金流形式的组合合约下的连续永续债券由于巧妙的组合设计,完全相互抵消了组合合约中的两个连续永续现金流,而使得组合后的效果等效于只有成交时点的 *p/q* 倍的收入离散现金流和 *d* 年时点的 1 倍的支出离散现金流。因此,简化已经抵消的两个连续永续现金流而只保留剩余的两个离散现金流所对应的现金流形式用现金流图表示,如图 4-12 所示。

图4-12　组合合约合成零息债券空头现金流图简化图

　　通过分析上面的简化图,组合合约所合成的零息债券现货空头所对应的是一个期限为d年,价格为p/q倍到期面值的零息债券现货空头合约。这样的合约可以锁定成交时点开始期限为d年的即期融资利率。这是组合合约在利率锁定中的应用。相应地,如果市场交易的连续永续债券合约族按照该组合合约的组合方式组合后能够得到推算出的合成的零息债券现货空头的价格,则可以完成成交时点开始期限为d年的即期融资利率的利率发现。

　　合成零息债券远期多头现金流形式的组合合约需要一个双延合约下的连续永续债券多头和一个双延合约下的连续永续债券空头进行组合。其中,双延合约下的连续永续债券空头的价格、期限、交割三个参数分别为p、t、d,双延合约下的连续永续债券多头的价格、期限、交割三个参数分别为q、t、b。此外,合成零息债券远期多头现金流形式的组合合约中的双延合约下的连续永续债券空头的数量必须是组合合约中双延合约下的连续永续债券多头数量的p/q倍。按照这样的比例组合,组合合约中的两个连续永续现金流可以完全相互抵消,从而形成合成零息债券远期多头所需的现金流形式。合成零息债券远期多头现金流形式的组合合约下的连续永续债券所对应的现金流形式用现金流图表示,如图4-13所示。

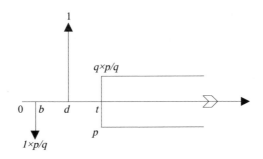

图4-13　组合合约合成零息债券远期多头现金流图复合图

通过分析上面的复合图,合成零息债券远期多头现金流形式的组合合约下的连续永续债券由于巧妙的组合设计,完全相互抵消了组合合约中的两个连续永续现金流,而使得组合后的效果等效于只有 b 年时点的 p/q 倍的支出离散现金流和 d 年时点的1倍的收入离散现金流。因此,简化已经抵消的两个连续永续现金流而只保留剩余的两个离散现金流所对应的现金流形式用现金流图表示,如图4-14所示。

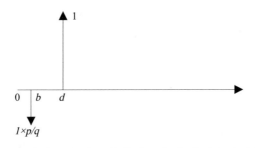

图4-14　组合合约合成零息债券远期多头现金流图简化图

　　通过分析上面的简化图,组合合约所合成的零息债券远期多头所对应的是一个开始于 b 年,期限为 $d-b$ 年,价格为 p/q 倍到期面值的零息债券远期多头合约。这样的合约可以锁定成交后 b 年开始期限为 $d-b$ 年的远期投资利率。这是组合合约在利率锁定中的应用。相应地,如果市场交易的连续永续债券合约族按照该组合合约的组合方式组合后能够得到推算出的合成的零息债券远期多头的价格,则可以完成成交后 b 年开始期限为 $d-b$ 年的远期投资利率的利率发现。

　　合成零息债券远期空头现金流形式的组合合约需要一个双延合约下的连续永续债券空头和一个双延合约下的连续永续债券多头进行组合。其中,双延合约下的连续永续债券多头的价格、期限、交割三个参数分别为 p、t、d,双延合约下的连续永续债券空头的价格、期限、交割三个参数分别为 q、t、b。此外,合成零息债券远期多头现金流形式的组合合约中的双延合约下的连续永续债券多头的数量必须是组合合约中双延合约下的连续永续债券空头数量的 p/q 倍。按照这样的比例组合,组合合约中的两个连续永续现金流可以完全相互抵消,从而形成合成零息债券远期空头所需的现金流形式。合成零息债券远期空头现金流形式的组合合约下的连续永续债券所对应的现金流形式用现金流图表示,如图 4-15 所示。

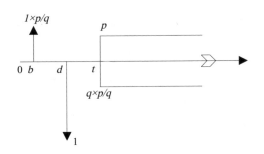

图4-15　组合合约合成零息债券远期空头现金流图复合图

通过分析上面的复合图,合成零息债券远期空头现金流形式的组合合约下的连续永续债券由于巧妙的组合设计,完全相互抵消了组合合约中的两个连续永续现金流,而使得组合后的效果等效于只有 b 年时点的 p/q 倍的收入离散现金流和 d 年时点的1倍的支出离散现金流。因此,简化已经抵消的两个连续永续现金流而只保留剩余的两个离散现金流所对应的现金流形式用现金流图表示,如图4-16所示。

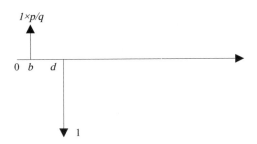

图4-16　组合合约合成零息债券远期空头现金流图简化图

通过分析上面的简化图,组合合约所合成的零息债券远期空头所对应的是一个开始于 b 年,期限为 $d-b$ 年,价格为 p/q 倍到期面值的零息债券远期空头合约。这样的合约可以锁定成交后 b 年开始期限为 $d-b$ 年的远期融资利率。这是组合合约在利率锁定中的应用。相应地，如果市场交易的连续永续债券合约族按照该组合合约的组合方式组合后能够得到推算出的合成的零息债券远期空头的价格，则可以完成成交后 b 年开始期限为 $d-b$ 年的远期融资利率的利率发现。

本节对应第四个层次的分析和设计。第四个层次基于前三个层次的分析设计成果，分析并设计了满足基准利率市场常见需求的组合合约。对组合合约的分析发现，通过将连续永续债券按照特定的搭配组合成为组合合约，可以合成出绝大部分现有固定收益产品的现金流形式，从而实现对现有利率市场的完美替代，以便基于连续永续债券的新型基准利率市场向现有利率市场的平稳过渡。

通过本章的合约设计，本书构建了新型基准利率市场的交易标的，解决了基于连续永续债券的新型基准利率市场机制的核心问题。不仅如此，合约族设计过程中的分析结果表明，基于连续永续债券的新型基准利率市场机制能够在保证实现现有基准利率市场机制功能的基础上克服基准利率期限有限和期限离散问题，也就是基准收益率曲线期限长度有限和期限不连续两大难题，说明连续永续债券合约族的设计使得连续永续债券的引入具有可行性，并可能在不远的将来获得实际应用，从而将基准利率市场机制的实践推上新的高度。

第5章 连续永续债券的正反演研究

连续永续债券是在现有永续债券的基础上创新发展出来的。永续债券是一种持续付息永不到期的债券。连续永续债券是在永续债券基础上进行的扩展,一方面继承了永续债券的永续的特征;另一方面引入了连续这一特征。连续永续债券从概念上就是将永续债券的永续现金流改进为连续永续现金流。永续的性质就是永不到期,这个性质在前面永续债券的现金流分析中已经通过现金流图形象地呈现过。而连续现金流就是连续不断无时无刻不在进行的现金流。连续现金流与离散现金流有本质区别。但连续现金流从概念上又可以用间隔时长趋于无穷小的离散现金流的极限所表示。本章主要研究连续永续债券价格和相应的利率期限结构之间的正反演数学关系。

5.1 递延合约的价格曲线正反演

根据经典金融理论,任何无期权嵌入的债券都可以分解并表示成为一个零息债券组合,即一组不同期限的零息债券的加权和。连续永续债券,无论具有什么样的合约形式,由于连续现金流的存在,分解成零息债券组合后都需要一组期限连续变化的零息债券来合成。因此,不同于一般的债券,连续永续债券不再是零散的若干个零息债券的加权和,连续永续债券所对应的零息债券组合呈现一种具有系统性的特征。不仅如此,连续永续债券所对应的零息债券组合中所包含的零息债券的数量是连续无穷个,即数量与全体实数的数量相等。这些特征从数学上来看,反映出连续永续债券和零息债券是一种积分变换的关系,即连续永续债券是零息债券合约族进行某种积分变换的产物。

递延合约下的连续永续债券在成交时并不立即开始票息连续现金流,而是等待完成一个递延期限后才开始票息连续现金流。递延合约下的连续永续债券的投资者,也就是递延合约下的连续永续债券的多头持有人,在某个递延合约下的连续永续债券发行时购买该递延合约下的连续永续债券,需要在成交时点支付现金,从而获得递延期限期满之后具有合约所约定的固定现金流流速且永不到期的连续永续现金流收入的权利。

5.1.1 正演推导

按照本书对于连续永续债券价格的约定习惯,约定在成交时支付单位货币,即 1 元,所能获得的固定流速票息现金流流速 p 元/年为递延 t 年的递延连续永续债券的价格。其中,递延连续永续债券成交价 p 的量纲为"时间^-1",单位为"1/年",递延连续永续债券成交量的的量纲为"货币^1"，单位为"元"。所以，上面的约定中要求在成交时支付单位货币，即 1 元，实际就是在约定成交的连续永续债券的成交量为单位成交量。

当递延时长为 0 年时，递延连续永续债券退化为简单连续永续债券。因此，有 $_0p=p$。其中，p 是简单连续永续债券的价格，也就是在成交时支付 1 元所购买的简单连续永续债券可以给该简单连续永续债券的持有者带来 p 元/年的连续永续票息现金流。

利率的正演问题是已知利率期限结构求解标的金融工具价格的过程。对于递延连续永续债券的正演问题，递延连续永续债券是标的金融工具，递延连续永续债券的价格曲线是待求解量，而代表利率期限结构的短期利率曲线，即短期利率收益率曲线，是已知条件。整个正演过程就是利用从短期利率收益率曲线求解相应的递延连续永续债券的价格曲线的过程。

不妨约定已知的短期利率收益率曲线由关于时间的函数 r(t) 表示。其中，t 是用以成交时点为原点坐标的时间轴度量的时间变量，其量纲是"时间^1"，单位是"年"。而 $r(t)$ 的量纲为"时间^-1"，单位为"1/年"，则按照无买卖差价的无套利定价，递延连续永续债券的价格应当满足以下等式

$$1 = \int_{t}^{+\infty} {}_t p\, e^{-\int_{t}^{u} r(v)\mathrm{d}v}\, \mathrm{d}u \qquad (19)$$

其中，t 是递延时长，量纲为"时间^1"，单位为"年"；$_t p$ 是递延连续永续债券的价格，量纲为"时间^-1"，单位为"1/年"；u 是外层积分自变量，量纲为"时间^1"，单位为"年"；$r(v)$ 为用于定价的短期利率收益率曲线，量纲为"时间^-1"，单位为"1/年"；v 是内层积

分自变量,量纲为"时间^1",单位为"年"。根据被积函数 $r(v)$ 的量纲"时间^-1"和积分自变量 v 的量纲"时间^1",内层积分 $\int_0^u r(v)\mathrm{d}v$ 的量纲应为"时间^-1×时间^1",化简后是无量纲量。对于外层积分,其被积函数是两个因子的乘积,两个因子的量纲分别是"时间^-1"和无量纲量,即"1"。因此,外层积分被积函数的量纲为"时间^-1"。由于外层积分的自变量的两个是"时间^1",外层积分的量纲应为"时间^-1×时间^1",化简后是无量纲量。所以,整个等式量纲一致性成立。

式(19)的经济学含义十分明确,内层积分计算的是贴现因子,外层积分是对递延连续永续债券所产生的连续永续现金流的贴现。因此,等式左边为单位成交量下成交时点支付金额的系数,而等式右边为满足无套利条件时通过贴现计算出的未来现金流现值的系数。等式成立表示递延连续永续债券成交价 $_tp$ 满足无套利条件。

等式中的递延连续永续债券价格 $_tp$ 在外层积分中并不随外层积分的积分自变量的变化而变化,是常量。因此可将 $_tp$ 提取到积分之外。式(19)变形为

$$1 = {_tp}\int_t^{+\infty} e^{-\int_0^u r(v)\mathrm{d}v}\,\mathrm{d}u \tag{20}$$

再将式(20)继续进行恒等变形可以得到递延连续永续债券价格 $_tp$ 的计算公式

$$_tp = \frac{1}{\int_t^{+\infty} e^{\int_t^0 r(v)\mathrm{d}v}\,\mathrm{d}u} \tag{21}$$

上面的式(21)就是递延连续永续债券的一般定价公式,也就

是一般正演公式。递延连续永续债券的一般正演给出了已知代表
市场利率期限结构的短期利收益率率曲线，即短期利率收益率曲
线 $r(t)$，求解相应的递延连续永续债券的市场价格曲线 $_tp$ 的公式。
对于单个市场参与者而言，短期利率收益率曲线 $r(t)$ 则表示该市
场参与者对市场利率期限结构的判断，而相应的递延连续永续债券
的市场价格曲线 $_tp$ 则表示该市场参与者参与市场交易的评判标准。

当市场上所存在的递延连续永续债券的市场价格曲线 $_tp$ 在某
个递延时长 t 下高于某个市场参与者所判定的递延连续永续债券
的评判标准价格曲线 $_tp'$ 时在该递延时长 t 下的值时，市场参与者
就会更多的参与成交时点支付而递延时长之后接收连续永续现金
流的交易。这样就会推动递延连续永续债券的市场价格曲线 $_tp$ 在
递延时长 t 点的值下降，并最终达到市场上所有参与者对价格推动
的作用平衡的位置。

当市场上所存在的递延连续永续债券的市场价格曲线 $_tp$ 在某
个递延时长 t 下低于某个市场参与者所判定的递延连续永续债券
的评判标准价格曲线 $_tp'$ 时在该递延时长 t 下的值时，市场参与者
就会更多的参与成交时点接收支付而递延时长之后支付连续永续
现金流的交易。这样就会推动递延连续永续债券的市场价格曲线
$_tp$ 在递延时长 t 点的值上升，并最终达到市场上所有参与者对价格
推动的作用平衡的位置。

尽管理论上用于正演的代表市场利率期限结构的短期利率收
益率曲线，即短期利率收益率曲线 $r(t)$ 也可以是具有概率分布的
随机过程。但作为后续研究基础的基础正演，应当集中而透彻地

研究不考虑随机因素的确定性的短期利率收益率曲线 $r(t)$ 与理想的递延连续永续债券的市场价格曲线 $_tp$ 之间的关系。事实上,对于无摩擦和无噪声的市场而言,基础正演就已经是充分的了。而对于实际的市场而言,基础正演也是市场参与者参与市场的基础定价工具。此外,后续的引入随机因素具有不确定性的短期利率收益率曲线 $r(t)$ 后复合正演也是需要以基础正演为基础才能进行扩展的。

5.1.2 反演推导

正演和反演是一对互逆的问题。递延连续永续债券的利率期限结构反演就是从市场上的递延连续永续债券的价格曲线 $_tp$ 倒推市场隐含的利率期限结构,即短期利率收益率曲线 $r(t)$ 的过程。

在前面基础正演部分中,已经得到了递延连续永续债券价格曲线 $_tp$ 的正演计算公式

$$_tp = \frac{1}{\int_t^{+\infty} e^{\int_t^0 r(v)\mathrm{d}v}\mathrm{d}u} \tag{22}$$

其中, t 是递延时长,量纲为"时间^1",单位为"年"; $_tp$ 是递延连续永续债券的价格,量纲为"时间^-1",单位为"1/年"; u 是外层积分自变量,量纲为"时间^1",单位为"年"; $r(v)$ 为用于定价的短期利率收益率曲线,量纲为"时间^-1",单位为"1/年"; v 是内层积分自变量,量纲为"时间^1",单位为"年"。

以递延时长参数 t 为变量对等式两边求导,原式(22)变为

$$\frac{\mathrm{d}}{\mathrm{d}t}{}_t p = \frac{\mathrm{d}}{\mathrm{d}t} \frac{1}{\displaystyle\int_t^{+\infty} e^{\int_t^0 r(v)\mathrm{d}v}\,\mathrm{d}u} \tag{23}$$

使用牛顿导数记号化简上式左边得到

$$_t p' = \frac{\mathrm{d}}{\mathrm{d}t} \frac{1}{\displaystyle\int_t^{+\infty} e^{\int_t^0 r(v)\mathrm{d}v}\,\mathrm{d}u} \tag{24}$$

使用链式求导法则化简上式右边得到

$$_t p' = -\frac{\dfrac{\mathrm{d}}{\mathrm{d}t}\displaystyle\int_t^{+\infty} e^{\int_t^0 r(v)\mathrm{d}v}\,\mathrm{d}u}{(\displaystyle\int_t^{+\infty} e^{\int_t^0 r(v)\mathrm{d}v}\,\mathrm{d}u)^2} \tag{25}$$

将正演计算公式重新代入上式右边分母得到

$$_t p' = -\frac{\dfrac{\mathrm{d}}{\mathrm{d}t}\displaystyle\int_t^{+\infty} e^{\int_t^0 r(v)\mathrm{d}v}\,\mathrm{d}u}{(1/{}_t p)^2} \tag{26}$$

整理上式得到：

$$\frac{{}_t p'}{{}_t p^2} = -\frac{\mathrm{d}}{\mathrm{d}t}\int_t^{+\infty} e^{\int_t^0 r(v)\mathrm{d}v}\,\mathrm{d}u \tag{27}$$

使用变下限积分函数的求导法则化简上式右边得到

$$\frac{{}_t p'}{{}_t p^2} = e^{\int_t^0 r(v)\mathrm{d}v} \tag{28}$$

对上式两边取自然对数得到

$$\log \frac{{}_t p'}{{}_t p^2} = \log e^{\int_t^0 r(v)\mathrm{d}v} \tag{29}$$

使用对数计算法则化简上式右边得到

$$\log \frac{{}_tp'}{{}_tp^2} = \int_t^0 r(v)\mathrm{d}v \tag{30}$$

使用对数计算法则化简上式左边得到

$$\log {}_tp' - 2\log {}_tp = \int_t^0 r(v)\mathrm{d}v \tag{31}$$

再次以递延时长参数 t 为变量对等式两边求导得到

$$\frac{\mathrm{d}}{\mathrm{d}t}(\log {}_tp' - 2\log {}_tp) = \frac{\mathrm{d}}{\mathrm{d}t}\int_t^0 r(v)\mathrm{d}v \tag{32}$$

使用变下限积分函数的求导法则化简上式右边得到

$$\frac{\mathrm{d}}{\mathrm{d}t}\big(\log {}_tp' - 2\log {}_tp\big) = -r(t) \tag{33}$$

整理上式得到

$$r(t) = 2\frac{\mathrm{d}}{\mathrm{d}t}\log {}_tp - \frac{\mathrm{d}}{\mathrm{d}t}\log {}_tp' \tag{34}$$

使用链式求导法则化简上式左边得到

$$r(t) = 2\frac{{}_tp'}{{}_tp} - \frac{{}_tp''}{{}_tp'} \tag{35}$$

式（35）即为递延连续永续债券市场价格曲线 ${}_tp$ 反演即短期利率收益率曲线 $r(t)$ 的基础反演公式。其中，$r(t)$ 为用于定价的短期利率收益率曲线，量纲为"时间^-1"，单位为"1/年"；${}_tp$ 是递延连续永续债券的价格曲线，量纲为"时间^-1"，单位为"1/年"；${}_tp'$ 是递延连续永续债券的价格曲线关于递延时长 t 的一阶导数，量纲为"时间^-2"，单位为"1/年^2"；${}_tp''$ 是递延连续永续债券的价格曲线关于递延时长 t 的二阶导数，量纲为"时间^-3"，单位为"1/年^3"。

5.1.3　基础合约特性

如果经济处于非常平稳的状态,没有经济周期波动和经济结构变化,那么不同期限的基准利率水平应当相同,则基准利率期限结构可能会以一条水平线形状出现。这样有

$$r(t) = r \tag{36}$$

短期利率收益率曲线 $r(t)$ 具有常数 r。对于这样的情况,根据递延连续永续债券的正演公式递延连续永续债券的价格曲线 $_tp$ 为

$$_tp = \frac{1}{\int_t^{+\infty} e^{\int_t^0 rdv} du} \tag{37}$$

对内层积分化简后可以获得

$$_tp = \frac{1}{\int_t^{+\infty} e^{-ru} du} \tag{38}$$

对外层积分化简后可以获得

$$_tp = re^{rt} \tag{39}$$

这样的结果非常完美。可以看到,对于递延期限为 0 年的递延连续永续债券,其价格就是利率水平。即

$$_0p = r \tag{40}$$

这一特性给出了连续永续债券合约族基础合约的一个特殊的经济学含义,即连续永续债券的价格可以直接给出未来水平化的利率水平。这一特性使得连续永续债券成为极好的长期利率水平指标,可以承担重要的利率信号作用。

基础合约下的连续永续债券,是一种持续连续付息永不到期

的债券。基础合约下的连续永续债券的投资者,也就是基础合约下的连续永续债券的多头持有人,在某个基础合约下的连续永续债券发行时购买该基础合约下的连续永续债券,需要在成交时点支付现金,从而获得之后具有合约所约定的固定现金流流速且永不到期的连续永续现金流收入的权利。

5.1.4　单调性证明

在前面基础正演部分中,已经得到了递延连续永续债券价格曲线 $_tp$ 的正演计算公式

$$_tp = \frac{1}{\int_t^{+\infty} e^{\int_t^0 r(v)\mathrm{d}v}\,\mathrm{d}u} \tag{41}$$

其中, t 是递延时长,量纲为"时间^1",单位为"年"; $_tp$ 是递延连续永续债券的价格,量纲为"时间^–1",单位为"1/年"; u 是外层积分自变量,量纲为"时间^1",单位为"年"; $r(v)$ 为用于定价的短期利率收益率曲线,量纲为"时间^–1",单位为"1/年"; v 是内层积分自变量,量纲为"时间^1",单位为"年"。

以递延时长参数 t 为变量对等式两边求导,原式变为

$$\frac{\mathrm{d}}{\mathrm{d}t}\,_tp = \frac{\mathrm{d}}{\mathrm{d}t}\frac{1}{\int_t^{+\infty} e^{\int_t^0 r(v)\mathrm{d}v}\,\mathrm{d}u} \tag{42}$$

使用链式求导法则化简上式右边得到:

$$\frac{\mathrm{d}}{\mathrm{d}t}\,_tp = -\frac{\frac{\mathrm{d}}{\mathrm{d}t}\int_t^{+\infty} e^{\int_t^0 r(v)\mathrm{d}v}\,\mathrm{d}u}{(\int_t^{+\infty} e^{\int_t^0 r(v)\mathrm{d}v}\,\mathrm{d}u)^2} \tag{43}$$

使用变下限积分函数的求导法则化简上式右边分子得到

$$\frac{\mathrm{d}}{\mathrm{d}t}\, {}_tp = -\frac{-e^{\int_t^0 r(v)\mathrm{d}v}}{\left(\int_t^{+\infty} e^{\int_t^0 r(v)\mathrm{d}v\mathrm{d}u}\right)^2} \tag{44}$$

化简上式得到

$$\frac{\mathrm{d}}{\mathrm{d}t}\, {}_tp = \frac{e^{\int_t^0 r(v)\mathrm{d}v}}{(\int_t^{+\infty} e^{\int_t^0 r(v)\mathrm{d}v}\mathrm{d}u)^2} \tag{45}$$

上式右边分子是指数函数,因此必然恒大于零。上式右边分母是对恒大于零的被积函数在无穷区间上积分后平方,因此也必然大于零。所以上式右边恒大于零。也就是递延连续永续债券的价格关于递延期限的导数恒大于零。这证明了递延连续永续债券的价格曲线从正演原理上具有关于递延期限单调递增的特性。

5.2 双延合约的价格曲面正反演

双延合约下的连续永续债券是在递延合约下的连续永续债券的基础上增加延期交割。双延合约下的连续永续债券的投资者,也就是双延合约下的连续永续债券的多头持有人,在某个双延合约下的连续永续债券发行时购买该双延合约下的连续永续债券,需要在成交后延期交割期满时支付现金,从而获得递延期限期满之后具有合约所约定的固定现金流流速且永不到期的连续永续现金流收入的权利。

利用积分变换的观念分析可以帮助扩展连续永续债券的基础合约使得新合约更好地完成连续永续债券交易中的利率发现功能。零息债券承载利率期限结构信息是靠不同期限的零息债券对应不同期限的利率水平。因此,零息债券在期限域承载了利率期限结构信号。那么,基础合约下的连续永续债券所对应的积分变换的核函数显然缺乏参数,导致基础合约下的连续永续债券所对应的积分变换将期限域上的一维曲线信号压缩成了基础合约下的连续永续债券域上的零维单点信号。

根据这一特点,从信息论的角度,基础合约下的连续永续债券是一个非常好的起点。利用连续永续债券是零息债券的一种积分变换,只要对积分变换的核函数进行参数扩展就可以使变换域的维度增加,从而获得变换域上连续永续债券的价格曲线甚至价格曲面,进而获得足够的信息实现利率发现功能以反演市场收益率曲线。

5.2.1　正演推导

按照本书对于连续永续债券价格的约定习惯,约定在成交后延迟 d 年支付单位货币,即 1 元,所能获得的固定流速票息现金流流速 $_dp_d$ 元/年为递延 t 年的双延连续永续债券的价格。其中,递延连续永续债券成交价 $_dp_d$ 的量纲为"时间^−1",单位为"1/年",双延连续永续债券成交量的量纲为"货币^1",单位为"元"。所以,上面的约定中要求在成交时支付单位货币,即 1 元,实际就是在约定成交的连续永续债券的成交量为单位成交量。

当延迟交割时长 d 年为 0 年时,双延连续永续债券退化为递延

连续永续债券。因此,有 $_tp_0 = _tp$。其中, $_tp$ 是递延连续永续债券的
价格,也就是在成交时支付 1 元所购买的递延连续永续债券可以
在递延 t 年后给该简单连续永续债券的持有者带来 $_tp$ 元/年的连续
永续票息现金流。

利率的正演问题是已知利率期限结构求解标的金融工具价格
的过程。对于递延连续永续债券的正演问题,递延连续永续债券
是标的金融工具,递延连续永续债券的价格曲线是待求解量,而代
表利率期限结构的短期利率曲线,即短期利率收益率曲线,是已知
条件。整个正演过程就是利用从短期利率收益率曲线求解相应的
递延连续永续债券的价格曲线的过程。

不妨约定已知的短期利率收益率曲线由关于时间的函数 $r(t)$
表示。其中, t 是用以成交时点为原点坐标的时间轴度量的时间变
量,其量纲是"时间^1",单位是"年"。而 $r(t)$ 的量纲为"时间^-1",
单位为"1/年",则按照无买卖差价的无套利定价,双延连续永续债
券的价格应当满足以下等式

$$1 = \int_t^{+\infty} {}_tp_d e^{-\int_t^u r(v)\mathrm{d}v} \mathrm{d}u \qquad (46)$$

其中, t 是递延时长,量纲为"时间^1",单位为"年"; d 是延迟交
割时长,量纲为"时间^1",单位为"年"; $_tp_d$ 是双延连续永续债券的
价格,量纲为"时间^-1",单位为"1/年"; u 是外层积分自变量,量纲
为"时间^1",单位为"年"; $r(v)$ 为用于定价的短期利率收益率曲
线,量纲为"时间^-1",单位为"1/年"; v 是内层积分自变量,量纲为
"时间^1",单位为"年"。根据被积函数 $r(v)$ 的量纲"时间^-1"和积

分自变量 v 的量纲"时间^1"，内层积分 $\int_d^u r(v)dv$ 的量纲应为"时间^-1×时间^1"，化简后是无量纲量。对于外层积分，其被积函数是两个因子的乘积，两个因子的量纲分别是"时间^-1"和无量纲，即"1"。因此，外层积分被积函数的量纲为"时间^-1"。由于外层积分的自变量的两个是"时间^1"，外层积分的量纲应为"时间^-1×时间^1"，化简后是无量纲量。所以，整个等式量纲一致性成立。

等式的经济学含义十分明确，内层积分计算的是贴现因子，外层积分是对双延连续永续债券所产生的连续永续现金流的贴现。因此，等式左边为单位成交量下成交时点支付金额的系数，而等式右边为满足无套利条件时通过贴现计算出的未来现金流现值的系数。等式成立表示递延连续永续债券成交价 $_tp_d$ 满足无套利条件。

等式中的双延连续永续债券价格 $_tp_d$ 在外层积分中并不随外层积分的积分自变量的变化而变化，是常量。因此可将 $_tp_d$ 提取到积分之外。原等式变形为

$$1 = {_tp_d}\int_t^{+\infty} e^{-\int_t^u r(v)dv}\,du \tag{47}$$

再将等式继续进行恒等变形可以得到双延连续永续债券价格 $_tp_d$ 的计算公式

$$_tp_d = \frac{1}{\displaystyle\int_t^{+\infty} e^{\int_t^u r(v)dv}\,du} \tag{48}$$

上面的公式就是双延连续永续债券的一般定价公式，也就是一般正演公式。双延连续永续债券的一般正演给出了已知代表市场利率期限结构的短期利率收益率曲线，即短期利率收益率曲线

$r(t)$，求解相应的递延连续永续债券的市场价格曲线 ${}_tp_d$ 的公式。对于单个市场参与者而言，短期利率收益率曲线 $r(t)$ 则表示该市场参与者对市场利率期限结构的判断，而相应的递延连续永续债券的市场价格曲线 ${}_tp_d$ 则表示该市场参与者参与市场交易的评判标准。

5.2.2　反演推导

正演和反演是一对互逆的问题。双延连续永续债券的利率期限结构反演就是从市场上的双延连续永续债券的价格曲线 ${}_tp_d$ 倒推市场隐含的利率期限结构，即短期利率收益率曲线 $r(t)$ 的过程。

在前面基础正演部分中，已经得到了递延连续永续债券价格曲线 ${}_tp_d$ 的正演计算公式

$$
{}_tp_d = \frac{1}{\int_t^{+\infty} e^{\int_t^d r(v)\mathrm{d}v}\,\mathrm{d}u}
\tag{49}
$$

其中，t 是递延时长，量纲为"时间^1"，单位为"年"；d 是延迟交割时长，量纲为"时间^1"，单位为"年"；${}_tp_d$ 是双延连续永续债券的价格，量纲为"时间^-1"，单位为"1/年"；u 是外层积分自变量，量纲为"时间^1"，单位为"年"；$r(v)$ 为用于定价的短期利率收益率曲线，量纲为"时间^-1"，单位为"1/年"；v 是内层积分自变量，量纲为"时间^1"，单位为"年"。

以递延时长参数 t 为变量对等式两边求导，原等式变为

$$
\frac{\partial}{\partial t}\,{}_tp_d = \frac{\partial}{\partial t}\frac{1}{\int_t^{+\infty} e^{\int_t^d r(v)\mathrm{d}v}\,\mathrm{d}u}
\tag{50}
$$

使用链式求导法则化简上式右边得到

$$\frac{\partial}{\partial t}{}_tp_d = -\frac{\dfrac{\partial}{\partial t}\displaystyle\int_t^{+\infty} e^{\int_t^u r(v)\mathrm{d}v}\,\mathrm{d}u}{\left(\displaystyle\int_t^{+\infty} e^{\int_t^u r(v)\mathrm{d}v}\,\mathrm{d}u\right)^2} \tag{51}$$

将正演计算公式重新代入上式右边分母得到

$$\frac{\partial}{\partial t}{}_tp_d = -\frac{\dfrac{\partial}{\partial t}\displaystyle\int_t^{+\infty} e^{\int_t^u r(v)\mathrm{d}v}\,\mathrm{d}u}{\left(1/{}_tp_d\right)^2} \tag{52}$$

整理上式得到:

$$\frac{\dfrac{\partial}{\partial t}{}_tp_d}{{}_tp_d^2} = -\frac{\partial}{\partial t}\int_t^{+\infty} e^{\int_t^u r(v)\mathrm{d}v\mathrm{d}u} \tag{53}$$

使用变下限积分函数的求导法则化简上式右边得到

$$\frac{\dfrac{\partial}{\partial t}{}_tp_d}{{}_tp_d^2} = e^{\int_t^u r(v)\mathrm{d}v} \tag{54}$$

对上式两边取自然对数得到

$$\log\frac{\dfrac{\partial}{\partial t}{}_tp_d}{{}_tp_d^2} = \log e^{\int_t^u r(v)\mathrm{d}v} \tag{55}$$

使用对数计算法则化简上式右边得到

$$\log\frac{\dfrac{\partial}{\partial t}{}_tp_d}{{}_tp_d^2} = \int_t^u r(v)\mathrm{d}v \tag{56}$$

使用对数计算法则化简上式左边得到

$$\log\frac{\partial}{\partial t}{}_tp_d - 2\log{}_tp_d = \int_t^u r(v)\mathrm{d}v \tag{57}$$

再次以递延时长参数 t 为变量对等式两边求导得到

$$\frac{\partial}{\partial t}(\log\frac{\partial}{\partial t}\,_tp_d - 2\log\,_tp_d) = \frac{\partial}{\partial t}\int_t^d r(v)\mathrm{d}v \tag{58}$$

使用变下限积分函数的求导法则化简上式右边得到

$$\frac{\partial}{\partial t}\left(\log\frac{\partial}{\partial t}\,_tp_d - 2\log\,_tp_d\right) = -r(t) \tag{59}$$

整理上式得到

$$r(t) = 2\frac{\partial}{\partial t}\log\,_tp_d - \frac{\partial}{\partial t}\log\frac{\partial}{\partial t}\,_tp_d \tag{60}$$

使用链式求导法则化简上式左边得到

$$r(t) = 2\frac{\frac{\partial}{\partial t}\,_tp_d}{_tp_d} - \frac{\frac{\partial}{\partial t}\frac{\partial}{\partial t}\,_tp_d}{\frac{\partial}{\partial t}\,_tp_d} \tag{61}$$

上式即为双延连续永续债券市场价格曲面 $_tp_d$ 反演即短期利率收益率曲线 $r(t)$ 的基础反演公式。其中，$r(t)$ 为用于定价的短期利率收益率曲线，量纲为"时间^-1"，单位为"1/年"；$_tp_d$ 是双延连续永续债券的价格曲线，量纲为"时间^-1"，单位为"1/年"；$\frac{\partial}{\partial t}\,_tp_d$ 是双延连续永续债券的价格曲面关于递延时长 t 的一阶导数，量纲为"时间^-2"，单位为"1/年^2"；$\frac{\partial}{\partial t}\frac{\partial}{\partial t}\,_tp_d$ 是双延连续永续债券的价格曲面关于递延时长 t 的二阶导数，量纲为"时间^-3"，单位为"1/年^3"。

5.3　正演实例分析

Nelson-Siegel 利率期限结构模型（以下简称 NS 利率模型）从发明以来，以其简洁的形式、明确的经济学意义、优秀的数学特性一直受到理论界和实业界的青睐。在双延合约的价格曲面正反演推导完成之后,引入一个 Nelson-Siegel 利率期限结构进行正演模拟,可以更好地发现双延连续永续债券价格曲面和利率期限结构中的对应关系。

N-S 利率模型是一种 4 个参数的函数形式,用于对即期收益率曲线或短期收益率曲线建模。N-S 利率模型的 4 个参数分别是长期利率水平因子、短期利率水平因子和中期利率水平因子和期限结构形状因子。N-S 利率模型的短期利率模型形式为

$$r(t) = \beta_L + \beta_s e^{-\frac{t}{\gamma}} + \beta_M \frac{t}{\gamma} e^{-\frac{t}{\gamma}} \tag{62}$$

其中,$r(t)$ 是关于时间 t 的短期利率曲线;β_L 是长期利率水平因子;β_s 是短期利率水平因子;β_M 是中期利率水平因子;γ 是期限结构形状因子。

本书以一个忽略中期利率水平因子的 N-S 利率模型实例进行双延合约的价格曲面正演。模型一所采用的短期利率期限结构如图 5-1 所示。

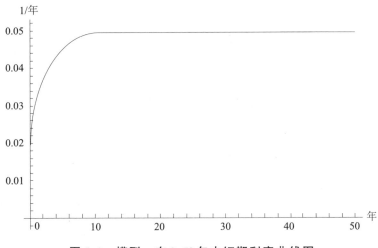

图 5-1 模型一在 0~50 年内短期利率曲线图

$$r(t) = 0.05 - 0.03\mathrm{e}^{-\frac{t}{2.5}} \qquad (63)$$

模型一的利率期限结构在 0~50 年范围内如图 5-1 所示。

模型一的利率期限结构在 0~50 年范围内的短期利率的具体数值如表 5-1 所示。

表 5-1　模型一在 0~50 年内短期利率

期限（年）	利率	期限（年）	利率	期限（年）	利率
0	0.020000000000	17	0.049966586746	34	0.049999962785
1	0.029890398619	18	0.049977602426	35	0.049999975054
2	0.036520131076	19	0.049984986457	36	0.049999983278
3	0.040964173643	20	0.049989936121	37	0.049999988791
4	0.043943104460	21	0.049993253980	38	0.049999992486
5	0.045939941503	22	0.049995478008	39	0.049999994964
6	0.047278461401	23	0.049996968818	40	0.049999996624
7	0.048175698121	24	0.049997968138	41	0.049999997737
8	0.048777133881	25	0.049998638002	42	0.049999998483
9	0.049180288327	26	0.049999087026	43	0.049999998983
10	0.049450530833	27	0.049999388015	44	0.049999999318
11	0.049631679803	28	0.049999589774	45	0.049999999543
12	0.049753107589	29	0.049999725017	46	0.049999999694
13	0.049834503067	30	0.049999815674	47	0.049999999795
14	0.049889064089	31	0.049999876442	48	0.049999999862
15	0.049925637435	32	0.049999917177	49	0.049999999908
16	0.049950153282	33	0.049999944482	50	0.049999999938

利用双延连续永续债券的价格曲面正演公式,可以获得该利率条件下的双延连续永续债券的价格曲面,结果如图5-2所示。

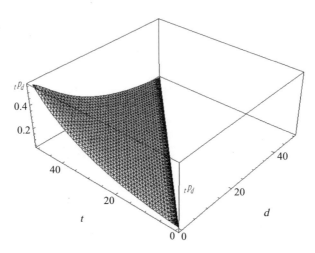

图5-2　模型一条件下双延连续永续债券价格曲面图

其中,t是递延时长,量纲为"时间^1",单位为"年";d是延迟交割时长,量纲为"时间^1",单位为"年";图中高度是双延连续永续债券的价格,量纲为"时间^-1",单位为"1/年"。

其中,整10年的具体双延连续永续债券价格如表5-2所示。

表5-2　模型一条件下双延连续永续债券价格表

延迟交割(年) 递延时长(年)	0	10	20	30	40	50
0	0.046798					
10	0.076538	0.049970				
20	0.126171	0.082373	0.050029			

续表

延迟交割(年)	0	10	20	30	40	50
30	0.208020	0.135810	0.082484	0.050031		
40	0.342967	0.223914	0.135994	0.082486	0.050031	
50	0.565457	0.369171	0.224216	0.135997	0.082486	0.050031

双延连续永续债券价格曲面中的对角线具有特殊意义。对角线上的双延连续永续债券具有递延时长和延迟交割时长相等的特点,实际上可以看作基础连续永续债券的期货合约。由于基础连续永续债券的价格反演的是长期利率水平,因此,双延连续永续债券价格曲面对角线反演的是未来不同延迟交割期后的不同水平的长期利率。

将短期利率曲线、即期利率曲线、长期利率曲线绘制在同一坐标下如图5-3所示。

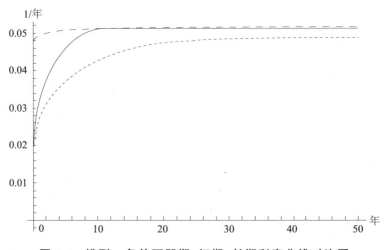

图5-3 模型一条件下即期、短期、长期利率曲线对比图

图 5-3 中的实线是模型二所假设的短期利率曲线；虚线是通过双延连续永续债券正演得到的长期利率曲线；点画线是即期利率曲线。从经济学含义上，长期利率曲线是从无穷期限开始向前对短期利率曲线的一种平均，而即期利率曲线则是从 0 年期限开始向后对短期利率曲线的一种平均。

为了更好的观察这样的经济学特征，考虑一种振荡收敛的短期利率期限结构模型，模型二表达式如下：

$$r(t) = 0.05 - 0.02\mathrm{e}^{-\frac{t}{30}} - \frac{0.06}{t+3}\cos t^{0.8} \tag{64}$$

将模型二给出的短期利率曲线、根据模型二推算出的即期利率曲线、根据模型二正演出的长期利率曲线绘制在同一坐标下如图 5-4 所示。

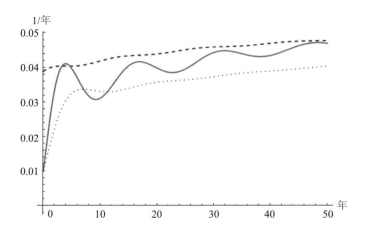

图 5-4　模型二条件下即期、短期、长期利率曲线对比图

图 5-4 中的实线是模型二所假设的短期利率曲线；虚线是通过双延连续永续债券正演得到的长期利率曲线；点画线是即期利率

曲线。可以看到,短期利率曲线振荡区间最大,而由于短期利率曲线在0~50年区间具有随期限增加而上升的趋势,因此即期利率曲线始终在长期利率曲线下方。同时,由于绘图期限范围仍属于中长期,长期利率曲线和即期利率曲线虽然具有夹逼短期收益率曲线的趋势,但收敛尚不充分。

由于连续永续债券提供可以处理的利率期限结构是面向无穷期限范围内的,因此,可以在0~200年这样更广的期限范围内正演和绘图,形成图5-5。

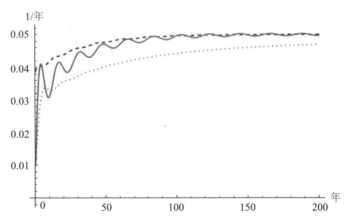

图5-5 模型二条件下即期、短期、长期利率曲线长期对比图

从长期对比图可以发现,在较长期限区间,以本例来看为100年期限以后,短期利率曲线呈现出围绕长期利率曲线振荡的特征。

表5-3　模型二条件下即期、短期、长期利率表

年	即期利率	短期利率	长期利率	年	即期利率	短期利率	长期利率	年	即期利率	短期利率	长期利率
0	0.010000	0.010000	0.038821	17	0.034785	0.041578	0.043471	34	00.038137	0.044315	0.046100
1	0.016026	0.022551	0.039733	18	0.035155	0.041258	0.043560	35	0.038308	0.043913	0.046192
2	0.022166	0.033324	0.040197	19	0.035460	0.040574	0.043675	36	0.038458	0.043518	0.046308
3	0.027020	0.039332	0.040339	20	0.035695	0.039758	0.043831	37	0.038591	0.043217	0.046447
4	0.030386	0.041016	0.040333	21	0.035870	0.039032	0.044030	38	0.038710	0.043074	0.046604
5	0.032419	0.039715	0.040324	22	0.036002	0.038574	0.044266	39	0.038822	0.043129	0.046771
6	0.033414	0.036935	0.040403	23	0.036111	0.038492	0.044526	40	0.038933	0.043386	0.046939
7	0.033701	0.033977	0.040609	24	0.036216	0.038814	0.044795	41	0.039046	0.043823	0.047099
8	0.033586	0.031758	0.040935	25	0.036332	0.039500	0.045054	42	0.039167	0.044392	0.047243
9	0.033315	0.030757	0.041346	26	0.036472	0.040449	0.045289	43	0.039296	0.045030	0.047364
10	0.033064	0.031056	0.041793	27	0.036639	0.041529	0.045488	44	0.039433	0.045667	0.047461
11	0.032937	0.032433	0.042227	28	0.036833	0.042599	0.045646	45	0.039578	0.046240	0.047533
12	0.032978	0.034491	0.042608	29	0.037048	0.043529	0.045765	46	0.039728	0.046693	0.047583
13	0.033182	0.036768	0.042912	30	0.037277	0.044226	0.045851	47	0.039880	0.046994	0.047617
14	0.033514	0.038847	0.043135	31	0.037508	0.044638	0.045916	48	0.040030	0.047127	0.047642
15	0.033926	0.040424	0.043286	32	0.037734	0.044759	0.045970	49	0.040175	0.047103	0.047666
16	0.034364	0.041338	0.043389	33	0.037945	0.044627	0.046028	50	0.040312	0.046949	0.047695

　　针对模型二这样的振荡收敛型的短期利率曲线条件,正演出的双延连续永续债券的价格曲面如图5-6所示。

　　其中,t是递延时长,量纲为"时间^1",单位为"年";d是延迟交割时长,量纲为"时间^1",单位为"年";图中高度是双延连续永续债券的价格,量纲为"时间^-1",单位为"1/年"。

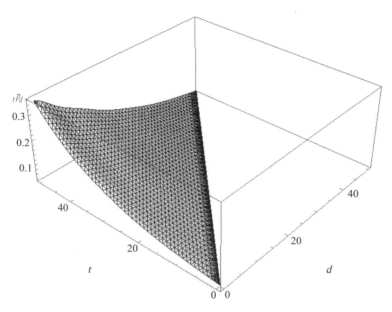

图5-6　模型二条件下双延连续永续债券价格曲面图

　　双延连续永续债券的正演实例分析模拟了双延连续永续债券市场参与者预期利率期限结构并估算可以接受的双延连续永续债券价格的过程。从正演结果来看，双延连续永续债券的价格曲线满足了进行多指标整合交易的要求，给市场参与者丰富多样的构造连续永续债券组合的条件，证明了基于连续永续债券的基准利率市场机制的可行性。

第6章 结论和展望

6.1 主要结论

本书在充分借鉴前人研究成果的基础上,采用金融理论推演、数学理论推导、数值模拟分析及交叉学科类比等研究方法,对基准利率、连续永续债券、基于连续永续债券的新型基准利率市场机制等前沿性的重大命题进行了较为系统的研究,取得了以下主要成果和结论。

6.1.1 基准化机制可以建立通用基准利率市场

本书通过利率市场和信用互换市场的结合,实现了"一个分离"和"一个合并"。所谓"一个分离",是指利率投资者和信用投资者的分离,而其意义在于实现了融资者融资成本中基准利率成本和个体特异性信用风险成本的分离。基于这样的分离,基准利率市场中的融资者得到了基准化,从而打破了传统金融工具发行市场只有一个发行人的制约,使得一个发行人和多个等效发行人可以通过基准化机制参与同一标的的发行,进而实现了发行市场和流通市场的合并(也就是实现了一级市场和二级市场的合并)的所谓"一个合并"。

"一个分离"提供了统一的信用风险水平,使得利率信息得以最大化的集中,从而最大化的提高宏观经济的分配效率。"一个合并"进一步提高了利率与利率承载标的的统一性,使得基准利率市场机制具有良好的可扩张性,更好地应对宏观经济的各种情况。

6.1.2 正反演理论指导利率期限结构的形成与使用

本书首次提出了利率的正演与反演理论,并做了跨学科类比说明。一方面为现有的金融工具定价研究和利率期限结构估计研究提供了一个统一的整合性理论框架;另一方面为利率市场标的的设计提供了理论依据。在利率市场正反演理论的指导下,本书认为,解决基准利率问题的关键,是设计和完善基准利率的承载标的及其市场。只要承载标的设计合理,承载标的市场运行健全,基准利率就可以孕育其中,并反映出宏观经济的真实信息。

本书也是在利率正反演理论的指导下,完成了基于连续永续债券的新型基准利率市场机制的整体设计,并完成了连续永续债券作为利率市场标的的正反演数学推导,从而首次突破性地攻克了利率市场实现任意期限利率的利率发现和利率锁定的课题。

6.1.3　连续永续债券是理想的利率承载标的

本书以新型基准利率市场机制的理论框架为指导,设计出了全新的连续永续债券合约族。通过设计延期支付连续票息和延迟交割两个交易自主可调节的连续永续债券合约参数,连续永续债券合约族不仅满足了作为新型基准利率市场交易标的的技术需求,还首次实现了现货市场和期货市场的整合。这一市场整合在金融理论上具有重要意义,不仅是解决现有国债期货市场和国债现货市场独立发展遭遇瓶颈问题的全新思路,更可成为未来系统性建立更为广泛的现货市场和期货市场的整合理论的基石。

连续永续债券虽然逻辑上需要支付连续现金流票息,但是票息支付现金流的连续与否实际上并不造成支付的障碍。我们可以将连续票息债券看作离散票息债券净值的一种极限形式。因此,通过按照连续支付票息的方式结算应计利息足以解决连续永续债券的票息支付问题。而永续债券也并非全新的事物,所以,连续永续债券的实际使用并非遥不可及。

6.2　主要创新

本书的创新性成果及创新点主要体现在"一个创新、两个突破、两个整合",即"一个创新"是正反演模拟方法创新及模型推导;"两个突破"是突破了无穷期限利率市场表达方法的问题、突破了收益率曲线连续的时点化刻画问题;"两个整合"是一级市场和二级市场整合、现货市场和期货市场整合。这些创新性成果的创新之处如下。

6.2.1 创新了利率市场正反演模拟方法创新及模型推导

首次成功地将地球物理勘探的正反演理论和技术移植到利率市场研究并成功地推导出利率市场正演模型和反演模型。通过系统地金融理论推演及数学理论推导,借鉴地球物理勘探的正反演理论,首次推导出了通过利率期限结构(即收益率曲线)演算利率市场标的市场价格的利率市场正演模型和利用利率市场标的市场价格反推利率期限结构的利率市场反演模型。此创新成果为利率期限结构研究开创了一条新的创新路径。

6.2.2 突破了无穷期限利率市场表达方法的问题

目前,几乎所有瞬时、短期、中期甚至长期期限利率都已有较成熟的市场表示方法,但对于超长期限利率甚至无穷远期限利率尚未建立正确的表达方法。本书通过引入递延曲线和连续永续债券,创建了无穷远期限利率市场表示方法,从而实现了重大理论突破。

6.2.3 突破了收益率曲线连续的时点化刻画问题

基于连续永续债券机制设计,通过交易机制和产品特征,市场可以自己选择以前没有办法选择的期限去做交易,交易一旦完成,交易数据就可以倒推出这些点上的收益率,从而实现了由市场自发形成的而非数学修饰出的连续化的收益率曲线。

6.2.4 完成了一级市场和二级市场的整合理论及机制设计

同一发行者前后发行的债券有着一定的承接关系,因此,债券发行者一旦发行了头一只连续永续债券,只要发行主体不发生改变,之后再增发新的债券,不再必须通过传统的拍卖方式来确定增发的新的债券的一级市场价格。发行者可以参考二级市场的交易价格来确定增发债券的一级市场价格,从而可以实现一级市场和二级市场的整合。也就是说,一旦连续永续债券在二级市场中存续,再新发就可以把一级市场的机制和二级市场的机制进行融合,理论上发行人就可以和其他二级市场的卖方一样通过双向撮合机制,进行连续报价,从而实现一级市场和二级市场的整合。

6.2.5 完成了现货市场和期货市场的整合理论及机制设计

连续永续债券有一个指标,是其交付时间,这个指标可以从交易完成时刻开始一直往后,如果这个指标交易完成时开始就交付,就是典型的现货交易;交易一完成,买方就向卖方付款,卖方就按其承诺的现金流开始向买方支付现金。如果交付时间设定为交付后某一时间期限,从传统的市场看,这就是一个期货交易。现货市场和期货市场整合的关键在于交易机制与交易平台的整合。这样通过一个指标来确定交付时间的特征,使得现货市场的交易和期货市场的交易可以在同一个平台完成。在一个统一的平台管理,新型设计是可以设立一个期货和现货统一的整合的资金账户进行结算,交易也是在一个统一的交易平台,现货和期货的衔接完全是无缝隙的,只是在交货时间指标上进行一点微调就可以灵活地过渡现货市场和期货市场。

6.3　展望与建议

随着我国金融产业的迅速发展和国民经济建设的需要,在不断完善我国金融体系过程中,推进一级市场和二级市场整合、现货市场和期货市场整合,发行连续永续债券,建立基于连续永续债券的基准利率市场机制和基于互联网金融的连续现金流支付等将是未来金融改革和发展的重要方向。连续永续债券交易机制和配套法规研究、利率市场及连续永续债券正反演理论与模型、多指标交易中的多维撮合机制及配套法规等研究方向势必会成为未来金融领域研究的热点。基于本书研究取得的认识,建议就基于连续永续债券的新型基准利率市场机制加以深化,未来可优先开展以下几方面的研究。

6.3.1　深化连续永续债券交易机制和配套法规研究

本书的研究表明,随着我国利率市场化进展的深化,基于中央银行业务的基准利率机制因其先天性受限,很难成为纯粹的、对称的市场化机制；而基于银行间拆借的基准利率机制主要依赖于银行业的自律，很难成为稳健的、公平的市场化机制；基于国债的基准利率市场机制依赖于更符合基准利率市场机制的国债发行制度的建立，而基准利率市场机制所需要的发行制度并不与国债发行人的偏好一致；因此我国金融改革将倒逼金融界探索适宜市场规律的基准利率市场机制，其中基于连续永续债券的新型基准利率市场机制有望成为较理想的基准利率市场机制。因此，建议加强有关连续永续债券的发行机制、交易机制及相配套的法律法规等方面的研究，以促进连续永续债券的发行市场、一级市场和二级市场整合、现货市场和期货市场整合。

6.3.2　进一步完善连续永续债券正反演理论与模型

本书仅仅是对连续永续债券正反演理论和模型的初步探索，还存在很多深层次的问题有待于深入系统地研究加以解决，如引入市场微观结构噪声后的反演问题等。这些问题的研究需要更加先进的数学工具、更加复杂的金融逻辑、更加广泛的跨学科整合，当前金融领域研究人员的知识构成应对这些问题仍然面临巨大的挑战。进一步完善连续永续债券正反演理论与模型方面的研究，需要金融领域教学和科研更为长期的人才积累，也需要跨学科合作和交流的更为广泛的开展。

6.3.3　深入开展负利率方面的研究

本书所设计的连续永续债券的报价方式，可以扩展到负利率的情况下使用。近年来,全球经济不景气,一些中央银行采取了在超额准备金等资产上征收负利率的货币政策,以试图突破零利率下限刺激经济复苏。多数学者认为,负利率是暂时性现象而非长期现象。连续永续债券提供了市场表达交易长期负利率的机制。如果连续永续债券市场形成,配合货币的电子化和钞票的淡出,负利率是否是长期利率水平的问题将可以得到市场真实的信息。这对于人类经济前途的认知具有重大意义。

参考文献

巴曙松,姚飞,2013.中国债券市场流动性水平测度[J].统计研究,30（12）：95-99.

陈健,2014.论互联网金融创新——基于第三方支付支付宝视角[J].中国市场（2）：63-65.

陈健恒,唐薇,高王强,2015.第三方支付未来之路：颠覆从支付开始[J].金融市场研究,33（2）：20-31.

陈睿骁,马俊海,2014.关于Libor市场模型的文献综述[J].中国商贸（9）：99-101.

程实,2013.货币进化论[J].中国经济和信息化（23）：30-31.

董乐,2007.银行间债券市场流动性溢价问题研究[J].运筹与管理,16（4）：79-88.

董梦玲,2013.美式证券期权定价的数值方法讨论[J].时代金融（30）：240-241.

杜海涛,2002.利率期限结构理论与实证研究[J].中国货币市场（10/11）：54-56.

杜迅,2015.基于面板数据的我国企业债券市场流动性影响因素研究[J]. 财经界（学术版）（13）：23.

范乔希，2004. 银行间债券市场流动性的实证分析[J]. 山西农业大学学报（社会科学版），3（1）：52-55.

冯俏彬，2014. 永续债利弊[J]. 新理财（政府理财）（8）：30-31.

韩贵新，2005. 债权期限结构影响因素的文献综述[J]. 首都经济贸易大学学报（6）：197-231.

胡永青，2002. 中国企业债券市场流动性分析[J]. 经济纵横（9）：14-16.

黄达，2000. 货币银行学：第2版[M]. 北京：中国人民大学出版社：23-27.

霍丽君，2015. 浅析第三方支付沉淀资金及其孳息的法律归属问题[J]. 法制博览（19）：47-48.

李保林，艾佰，2014. 利率期限结构理论研究综述[J]. 金融发展研究（7）：3-11.

李彪，杨宝臣，2006. 基于我国国债回购市场的利率预期理论检验[J]. 证券市场导报（8）：74-77.

李仁健，2007. 中国国债市场流动性现状及因素分析[D]. 上海交通大学.

李新，2001. 中国国债市场流动性分析[J]. 金融研究（3）：116-121.

刘俊山，盛婉瑜，刘婷，2015. 中美债券市场流动性的比较及借鉴[J]. 金融市场研究（1）：65-72.

刘秀光，2014. 互联网金融支付体系的破坏性创新[J]. 五邑大学学报（社会科学版）（4）：55-59，91.

陆凯旋，2002. 论货币本质[J]. 金融理论与实践（2）：3-6.

马晨，2005. 债券市场创新——中国经济发展的推动器[M]. 济南：山东科学技术出版社.

马克思, 1975. 资本论: 第一卷[M]. 北京: 人民出版社: 85.

皮敏, 李晓峰, 王磊, 等, 2007. 三大债券衍生品的比较[J]. 首席财务官(6): 46-50.

瞿强, 2001. 国债市场流动性研究——一个比较分析框架[J]. 金融研究(6): 75-83.

申凤云, 2015. 从支付视角看微信红包[J]. 金融会计(7): 61-64.

沈炳熙, 2009. 我国债券定价机制的形成和发展[J]. 中国货币市场(8): 4-12.

史敏, 汪寿阳, 徐山鹰, 等, 2005. 银行同业拆借市场利率期限结构实证研究[J]. 管理科学学报, 8(5): 473-5349.

史兹国, 牟星, 方先明, 2014. 基于风险的债券定价评述[J]. 河海大学学报(哲学社会科学版)(2): 67-72, 92.

孙宝文, 王智慧, 赵胤钘, 2008. 电子货币与虚拟货币比较研究[J]. 中央财经大学学报(10): 28-32.

唐齐鸣, 高翔, 2002. 我国同业拆借市场利率期限结构的实证研究[J]. 统计研究(5): 33-36.

王军伟, 余琨, 2014. 第三方支付对商业银行的影响[J]. 现代金融(8): 26-28.

王凯. 银行间债券市场流动性探析[N]. 金融时报, 2000-09-30010.

王文, 罗潇妤, 2013. 现代利率期限结构理论评述[J]. 经营管理者(16): 105.

王文举, 1997. 试论我国货币的产生[J]. 财贸研究(6): 25-29.

王鑫, 2014. 我国公司债券定价理论分析与实证研究——基于结构化模型[J]. 辽宁经济(4): 32-33.

王自荣, 2014. 永续债(券)的性质: 分析与认定[J]. 生产力研究 (12): 13-15, 153.

吴丹, 谢赤, 2005. 中国银行间国债利率期限结构的预期理论检验 [J]. 管理学报, 2(5): 536-541.

吴晓求, 2000. 证券投资学[M]. 北京: 中国人民大学出版社: 23-27

吴晓求, 2015. 商业银行亟待转型[J]. 资本市场(7): 8.

谢平, 邹传伟, 2012. 互联网金融模式研究[J]. 金融研究(12): 11-22.

邢精平, 华金秋, 何武强, 2000. 债券衍生金融工具融资比较选择[J]. 广西会计(1): 44-46.

张继强, 姬江帆, 杨冰, 2013. 永续债: 海外经验及国内前景探讨[J]. 债券(11): 43-49.

张水英, 2012. 基于信用评级视角的企业债券定价方法改进[J]. 统计 与决策(22): 172-174.

张昭盼, 2014. 关于永续债的介绍和账务处理思考[J]. 经营管理者 (36): 38.

赵丽, 高强, 2013. 国外公司债券定价模型研究评述[J]. 国际金融研 究(8): 53-59.

赵锡军, 刘炳辉, 李悦, 2005. 亚洲统一债券市场的推出背景、效用 及策略研究[J]. 国际金融研究(7): 23-29.

郑联盛, 2015. 多层次债券市场体系建设: 现状、问题与改革建议[J]. 新金融(7): 29-33.

中央结算公司债券信息部. 2014年债券发行12.28万亿元同比增长 41.07%[N]. 中国经济导报, 2015-01-06B08.

周云峰, 2014. 我国银行间债券市场产品创新分析[J]. 技术经济与管理研究（2）：73-77.

邹杨波，高长宏，2014.国外公司债券定价模型的理论与实证研究述评[J].金融经济（20）：139-140.

AMIHUD Y，MENDELSON H，1991.Liquidity，maturity，and the yields on U.S. treasury securities[J].The journal of finance，46（4）:1411-1425.

ARROW K J，1964.The role of securities in the optimal allocation of risk-bearing[J].Review of economic studies，31（2）:91-96.

ASOKAN N，1998.Fairness in electronic commerce[D].Waterloo：University of Waterloo.

AYDIN O，ZKAN A，2000.An empirical analysis of cotporate corporate debt maturity structure[J].European financial management，6（2）:197-212.

BERNHARDT D，DVORACEK V，HUGHSON E，et al，2004.Why do larger orders receive disecount on the London stoeck exchange?[J].The review of financial studies，18（4）：1343-1368.

BLACK F，COX J C，1976.Valuing corporate securities：some effects of bond indenture provisions[J].The journal of finance，31（2）：351-367.

BLACK F，SCHOLES M，1973.The pricing of options and corporate liabilities[J].The journal of political economy，81（3）：637-654.

BRICKI E，BAVIDS A，1991.Interest rate uncertainty and the optimal debt maturity structure[J].Journal of financial and quantitative analysis，26（1），63-81.

BURASCHI A，JILTSOV A，2005.Inflation risk premia and the expectations hypothesis[J].Journal of financial economics，75（2）：429-490.

CAMPBELL J Y，SHINER R J，1991.Yield spreads and interests rate movements：：A bird's eye view[J].The review of economic studies，58（3）：495-514.

CHAMBERS D R，CARLETON W T，WALDMAN D W，1984.A new approach to estimation of the term structure of interest rates[J].Journal of financial & quantitative analysis，19（3）：233-252.

COCHRANE J H，PIAZZESI M，2005.Bond risk premia[J].American economic review，95（1）：138-160.

COLLIN-DUFRESNE P，GOLDSTEIN R S，2001.Do Credit spreads reflect stationary leverage ratios?[J].The journal of finance，56（5）：1929-1957.

CORTE P D，SARNO L，THORNTON D L，2008.The expectation hypothesis of the term structure of very short-term rates：：statistical tests and economic value[J].Journal of financial economics，89（1）：158-174.

COX J C，INGERSOLL J R，ROSS S A，1985.A theory of the term structure of interest rates[J].Econometrica，53（（2））：385-4078.

COX，JOHN C，1996.The Constant elasticity of variance option pricing model [J].The journal of portfolio management，23（5）15-17.

CULBERTSON J M，1957.The term structure of interest rates[J].Quarterly journal of economics，72：489-504.

CULBERTSON J M，1957.The term structure of interest rates[J].Quarterly journal of economics，72：485-517.

DESGRANGES G，FOUCAULT T，2005.Reputation-based pricing and price improvements[J].Journal of economics and business，57（6）：493-527.

DIAMOND D W，1991.Debt maturity stnicture and liquidity risk[J].Quarterly journal of econanics，106（3），709-737.

DUFFEE G R , 1999.Estimating the price of default risk[J].The review of financial studies , 12（1）: 197–226.

DUFFIE D , SINGLETON K J , 1999.Modeling term structures of defaultable bonds[J].The review of financial studies , 12（4）: 687–720.

EMERYTK G W , 2001.Cyclical danemand and the choice of debt maturity [J].The journal of business , 74（4）63 : 55771–59091.

ENGSTED T , TANGGAARD C , 1994.Cointegration and the U.S.term structure[J].Journal of banking and finance , 18（1）: 167–181.

EOM Y H , HELWEGE J , HUANG J Z , 2004.Structural models of corporate bond pricing : an empirical analysis[J].The review of financial studies , 17（2）: 499–544.

FAMA E F , 1984.The information in the term structure[J].Journal of financial economics , 13（4）: 509–528.

FAMA E F , 2006.The Behavior of interest rates[J].Review of financial studies , 19（2）:359–379.

FAMA , BLISSR , 1987.The information in long–maturity forward rates[J].The american economic review , 77（4）: 680–692.

FAMNAE F , 1990.Contract costs and financing decisions [J].Journal of business , 63（1）, : S71–S91.

GESKE R , 1977.The valuation of corporate liabilities as compound options [J].The journal of financial and quantitative analysis , 12（4）: 541–552.

HARRIS , LAWRENCE , 2003.Trading and excehanges : market micerostructure for practitioners[M].Oxford:Oxford University Press.

JARROW R A , TURNBULL S M , 1995.Pricing derivatives on financial securities subject to credit risk [J].The journal of finance , 50（1）: 53-85.

JONES E P , MASON S P , ROSENFELD E , 1984.Contingent claims analysis of corporate capital structures : an emprirical investigation[J]. The jopurnal of finance , 39（3）: 611-625.

KALEV P S , INDER B A , 2006.The information content of the term structure of interest rates[J].Applied economics , 38（1）: 33-45.

KANE A , MARCUS A J , MCDONALD R L , 1985.Debt policy and the rate of return prenium to leverage [J].Journal of financial and quantitative analysis , 20（4）, 479-499.

KIM I J , RAMASWAMY K , SUNDARESAN S , 1992.The valuation of corporate fixed income securities [R].New York : New York University.

KIM Y , HOI S M , GILES M S , 2003. Developing institutional investors in the People's Republic of China[R].New York : The World Bank.

LANDO D , 1998.On cox processes and credit risky securities[J].Review of derivatives research , 2（2-3）: 99-120.

LELAND H E , 1994.Corporate debt value , bond covenants , and optimal capital structure [J].The journal of finance , 49（4）: 1213-1252.

LUTZ F A , 1940.The structure of interest rates[J]. Quarterly journal of economics , 55（1）: 36-63.

MAKI D , 2006.Non-linear adjustment in the term structure of interest rates : a cointegration analysis in the non-linear STAR framework[J].Applied financial economics , 16（17）: 1301-1307.

Malkiel B G , 1966.The term structure of interest rates : explanations and behavior patterns[M].Princeton : Princeton University Press.

MCCULLOCH J H , 1975. The tax adjusted yield curve[J]. The journal of finance , 30（3）: 811–829.

MCCULLOCH J , HUSTON J , 1971. Measuring the term structure of interest rates[J]. The journal of business , 44（1）: 19–31.

MERTON , ROBERT C , 1973. Theory of rational option pricing[J]. The bell journal of economics and management science , 4（1）: 141–183.

MERTON , ROBERT C , 1995. A functional perspective of financial intermediation[J]. Financial management , 24（2）: 23–41.

MUSTI S , D'ECCLESIA R L , 2008. Term structure of interest rates and the expectation hypothesis : the euro area[J]. European journal of operational research , 185（3）: 1596–1606.

MYERS S C , 1977. Determinants of cortporate borrowing [J]. Journal of financial economics , 5（2）: 147–175.

NELSON C R , SIEGEL A F , 1987. Parsimonious modeling of yield curves[J]. Journal of business , 60（4）: 473–489.

RONN E I , 1987. A new linear programming approach to bond portfolio management[J]. Journal of financial & quantitative analysis , 22（22）: 439–466.

SARKAR S , ILLIQUIDITY R , 1999. Project characteristics and the optimal maturity of corporate debt [J]. Journal of financial research , 22（3）: 353–370.

SARNO L , THORNTON D L , VALENTE G , 2007. The empirical failure of the expectations hypothesis of the term structure of bond yields[J]. Journal of financial and quantitative analysis , 42（1）: 81–100.

SCHWARTZ G W , SEGUIN P J , 1993. Securities transaction taxes : an overview of costs , benefits and unsolved questions[J].Financial analysts journal , 49（5）: 27–35.

SHEA G S , 1984.Pitfalls in smoothing interest rate term structure data : equilibrium models and spline approximations[J].Journal of financial and quantitative analysis , 19（3）: 253–269.

STOHS M H , MAUER D C , 1996.The Determinants of corporate debt maturity structure[J].Journal of business , 69（3）: 279–312.

STOHS , MAUER , 1996.The determinants of corporate debtmaturity sttucture [J].Journal of business , 69 : 279–312.

STULZ R M , 1990. Managerial discretion and optimal financing policies[J]. Journal of financial economics , 26（1）: 3–27.

SVENSSON L E , 1994. Estimating and interpreting forward interest rates : sweden 1992–1994[R].Stockholm : University of Stockholm.

TABAK B , 2009. Testing the expectations hypothesis in the brazilian term structure of interest rates : a cointegration analysis[J].Applied economics , 41 （219）: 263–268.

VAN , HORNE J , 1965. Interest–rate risk and the term structure of interest rates [J].The journal of political economy , 73（4）: 344–351.

VASICEK O A , FONG H G , 1982.Term structure modeling using exponential splines[J].The journal of finance , 37（2）: 339–348.

VASICEK , OLDRICH , 1977. An equilibrium characterisation of the term structure[J].Journal of financial economics , 5（2）: 177–188.